本书编委会

主　编：吴文毅　（江西信丰农村商业银行股份有限公司）

编　委：（按姓氏笔画排序）

　　　　林　平　（江西信丰农村商业银行股份有限公司）

　　　　郭　坚　（江西信丰农村商业银行股份有限公司）

中国农村金融的
演进历程与发展道路探索

吴文毅 ◎ 主编

暨南大学出版社
JINAN UNIVERSITY PRESS

中国·广州

图书在版编目（CIP）数据

中国农村金融的演进历程与发展道路探索 / 吴文毅
主编. -- 广州：暨南大学出版社，2024. 10. -- ISBN
978-7-5668-4031-8

Ⅰ. F832.35

中国国家版本馆 CIP 数据核字第 2024NF5845 号

中国农村金融的演进历程与发展道路探索
ZHONGGUO NONGCUN JINRONG DE YANJIN LICHENG YU FAZHAN
DAOLU TANSUO
主　编：吴文毅
···

出 版 人：阳　翼
策划编辑：张　钊
责任编辑：张　钊
责任校对：刘舜怡　梁玮浈
责任印制：周一丹　郑玉婷

出版发行：暨南大学出版社（511434）
电　　话：总编室（8620）31105261
　　　　　营销部（8620）37331682　37331689
传　　真：（8620）31105289（办公室）　37331684（营销部）
网　　址：http://www.jnupress.com
排　　版：广州良弓广告有限公司
印　　刷：佛山市浩文彩色印刷有限公司
开　　本：787mm×1092mm　1/16
印　　张：9.75
字　　数：150 千
版　　次：2024 年 10 月第 1 版
印　　次：2024 年 10 月第 1 次
定　　价：49.80 元

前　言

几千年来，中国一直是个农业大国，重农抑商是封建王朝维护自身统治的策略。农民手里没有多少余钱，直接制约了农村教育、医疗、建筑、科技、文化等诸多方面的发展。从历史上总结中国农村金融演进历程的经验和教训，对比了解当代中国农村的金融发展，有助于今人立足自身，综合利弊，思索当今农村金融创新发展之路，推动农村经济的长足发展。

中国农村金融的历史发展经历了古代、近代、现代三个阶段。自古以来，尤其是在战乱时期，高利贷无比猖獗，高利贷利息更是呈几何级数空前增长，广大农民长期生活在水深火热之中。

新中国成立后，中国农业银行、农村信用合作社、村镇银行等金融机构，为农村经济发展提供了支持。农村信用合作社更是经历了多次的收权和放权——自 1996 年中国农业银行和农村信用合作社"行社脱钩"后，农村信用合作社再次获得经营自主权。自此，由农村信用合作社改制而成的农商银行逐步成为农村金融的主要形式。

江西信丰农村商业银行股份有限公司（简称"信丰农商银行"）作为一家地方性金融机构，积极践行普惠金融理念，为当地农民和中小微企业提供便捷、高效的金融服务，坚守支农支小的市场定位，创新金融产品、简化贷款流程，各项业务都取得了质的突破，实现了各项业务的稳健发展，监管指标持续优于监管标准，质量效益稳居全省农商银行系统前列。自 2015 年以来，信丰农商银行多次被江西省农村信用社联合社评为"业绩综合考评"和"党建考核"优胜单位，2023 年被评为"农村商业银行小而美 50 强"。

本书结合中国农村金融的演进历程和信丰农商银行践行普惠金融的实践，从坚守定位、效益为先、以人为本、客户至上、数字化转型 5 个方面，探索了农商银行的发展道路。

一是坚守定位：农商银行应明确自身定位，坚持服务"三农"和中小微企业的宗旨，大力拓展零售客户，确保金融资源向农村居民和中小微企业倾斜。

二是效益为先：农商银行应平衡规模增长和效益提高，通过优化负债结构、推进精细化财务管理、强化对不良资产的管控等方式，实现业务效益和社会效益的双赢。

三是以人为本：农商银行应重视人才培养和团队建设，提升员工的归属感，通过激励措施和培训机制，提高员工素质和服务水平，实现员工和农商银行的共同成长。

四是客户至上：农商银行应始终将客户放在首位，关注客户的需求和体验，通过提升服务水平、提高办事效率、增进情感交流等方式增强客户黏性，为客户提供一流卓越的金融产品和贴心满意的金融服务。

五是数字化转型：农商银行应积极推进数字化转型，抓住互联网数字金融崛起的机遇，推进农商银行产业升级。

农商银行在推动农村经济发展、促进普惠金融普及、提高金融服务质量方面发挥了重要作用。通过创新金融产品和服务模式，农商银行为农民提供了更加便捷、灵活的金融服务，同时为中小微企业提供了更加全面的融资支持。

未来，农商银行需要继续加强自身建设，提高服务质量和效率，推动金融创新和科技应用，以更好地满足农村经济发展的需求，将农商银行打造成离大地最近、与百姓最亲、跟中小微最紧的"百姓银行"。

编者

2024 年 6 月

目 录

1 古代中国农村金融思想和活动

在中国现代金融学诞生前，古代中国就有非常丰富的金融思想与活动。而中国古代农村金融深受官营经济的影响。早在先秦时期，人们就开始记录、保存、思考重要货币及经济活动。据考古发现，中国最早流行的货币是夏朝的贝币，到商朝出现铜币，并逐渐取代贝币成为民间流通货币。春秋战国时期，形成了四大铜币体系，即楚国的蚁鼻钱、韩赵魏三国的布币、齐燕两国的刀币、秦国的环币，体现出当时货币经济之发达。中国第一部纪传体通史《史记》，根据先秦丰富的史料，撰成《货殖列传》和《平准书》，专门记述和评价货币经济状况，对后世影响深远。东汉班固在此基础上，于《汉书》中辟有《食货志》，专门评述货币经济概况，逐渐成为后世正史定例，成为后人了解当时经济情况的重要参考。

无论从官方正史还是民间资料来看，中国货币金融历史源远流长，内涵丰富，名家辈出，在货币金融问题上提出过不少具有重大意义的命题及真知灼见。春秋时期，管仲在《管子·轻重》中系统地论述货币经济思想，并提出和阐述了朴素的商品价值和货币数量思想。西汉贾谊在《治安策》和《铸钱》中提出禁止民间私自铸钱，防止"奸钱日繁，正钱日亡"，类似今日"劣币驱逐良币"之论。西汉桓宽《盐铁论》开启了铸币权争论的先河。北宋商贸发达，推动了金融货币思想的发展。北宋叶适提出要注意纸币与钱币的流通关系，并对西汉贾谊的《谏除盗铸钱令》重新加以强调。北宋沈括在《梦溪笔谈》中提出社会要注意货币流通速度。宋末元初许衡在《楮币札子》中进一步分析了纸币通货膨胀的危害。

鸦片战争后，外国列强不断入侵，古老的中国面临三千年未有之大变局。外国列强在政治、经济、文化方面的入侵，一方面直接打断了中国金融自我发展的道路，使中国金融失去了和平稳定的发展环境，另一方面也向中国输入了新式金融思想和制度。但在动荡的环境中，新的金融思想并未迅速建立，旧的金融思想也未迅速退出历史舞台，中国金融整体处于新旧夹杂的状态。现代金融学在动荡的近现代中国蹒跚成长。通商口岸和内陆城市或许多少有些现代金融机构，广大农村地区的金融发展却非常滞后，传统色彩十分浓厚，诸多地区甚至与几百年前没有太大的区别。

综合来看，中国通过总结和提炼早期货币实践的历史经验，提出过诸如子母相权、轻重、本末、虚实、称提等重要概念及思想，蕴含了现代金融思想的宝贵萌芽。但萌芽终究是萌芽，并未成长壮大起来。至明清时期，中国货币金融思想仍然没有形成自己独特的系统，更多是一种孤立的、封闭的、不完整的条块知识，与西学东渐下的现代金融差距较大，直接影响了广大的农村金融。中国传统货币金融思想虽然未能发展成现代金融学，但是在古代长期以来充当着无可替代的基础性角色，具体指导着国家和城乡金融运作，甚至延续到今日。因此，要想以史为鉴，详细了解中国农村金融的演变，就需要回到古代中国城乡，探索中国本土货币金融的基本形式、运作和影响，才能深刻理解现代中国农村金融运作的真实状态和发展规律。

1.1 古代农村金融的基本演变

先秦时期，农民普遍贫苦，为了生存和耕种，出现了农贷、粟贷等金融形式。农贷形式最早出现在周朝。《周礼》记载："凡民之贷者，与有司辨而授之，以国服为之息……凡有责债者，有判书以治则听……凡属债者，以其地傅而听其辞。"春秋时期出现"粟贷"，即粮食借贷。《左传》载曰："宋饥，请于平公。出公粟以贷，使大夫皆贷，司城氏贷而不书……宋公子鲍礼于国人，宋饥，竭其粟而贷之。"《管子》也说："粟重而万物轻，粟轻而万物重，两者不衡立，故杀正商贾之利而益农夫之事，则请重粟之价金三百，若是则田野大辟，而农夫勤其事矣。"可见春秋战国时期，人们就已注意到平衡农作物价格、控制利息及借贷等问题。

秦汉时期，农业经济有所发展，当时有关农村金融的农业借贷也比较兴盛。汉朝出现货币借贷与实物借贷并行的形式。《汉书·食货志》记载："民或乏绝，欲贷以治产业者，均受之，除其费，计所得收息，无过岁什一。"农村借贷形式比较多样。一是借贷种子，如《汉书》曾记载了汉昭帝、汉宣帝、汉元帝等帝王借种子给农民耕种生活的史实。二是借贷耕牛，如《汉书》载："元始二年贷贫民犁、牛、种、食。"三是借贷耕地，如《汉书》载："永初元年二月丙午，以广成游猎地及被灾郡国公田假与贫民勿租税。"四是借贷钱币，如《汉书》载："遣使者循行郡国，被灾害什四以上，民赀不满三万勿出租赋，逋贷米入皆非收。"《后汉书》记载得更明确："假民有货者，户钱一千。"此外，还有不少的私人放贷，其中更是不乏高利贷。

魏晋南北朝至隋朝时期，农村借贷形式多样化。有沿袭前代的无息贷款，具有慈善性质，但很快就消失了。为数众多的是私人借贷和高利贷，如官僚贵族放债牟利。《宋书》记载了借钱换物："（刘）休祐在荆州贪刻所在，多营财货，以短钱一百赋民，田登，就求白米一斛，米粒皆令彻白，若有破折者悉删简不受。民间杂此米，一升一百，至时，又不受米，评米责钱。凡诸求利皆悉如此。"《南齐书》记载了借债赎人："虞愿为晋平太守，前政（前任太守）与民交关，质录其儿妇（不能偿债录其儿妇为质），愿遣人于道，夺取将还。"隋朝统一后，为了灾年赈济，建立了义仓制度，具有仁政或慈善色彩，有一定进步意义。《隋书》记载："令诸州百姓及军人，劝课当社，共立义仓，收获之日，随其所得，劝课出粟及麦，于当社造仓窖储之。即委社司执帐检校，每年收积，不使损败。若时年不熟时，当社有饥馑者，以此谷赈给。"

唐朝农业经济进一步发展，农村金融也有所发展。唐朝推出了三种借贷，即收质、纳质、质库，但利息一般较高。在农村，唐朝为了恢复和发展农村经济，在农村金融方面有所推进。一是实行赈灾农贷。唐朝《康济录》记载："代宗时刘晏掌财赋……诸道各置知院官，每旬日，具州县雨阳丰欠之状白使司，丰则贵籴，欠则贱粜，或以谷易杂货供官用，及于丰处卖之。知院官，始见不稔之端，先申至，某月须若干蠲免，某月须若干救助，及期，晏不及州县申请，即奏行之，应民之急，未尝失时，不待其困毙流亡饥莩然后赈之也。"二是限制利率或提供无息贷款，帮助农民，禁止当铺泛滥，打击高利贷。《至元杂令》记载："诸以财物出举者，每月取利不过三分，积日虽多，不得过一倍，亦不得回利为本……应京城内有私债经十年以上，曾出利过本两倍，本部主及保人死亡，并无家产者，宜令台府，勿为徵理。"三是继承和改革义仓制度，建设常平仓，平衡粮食价格。《文献通考》记载："开元七年敕关内陇右，河南、河北五道及荆、扬、襄、夔、绵、益、彭、蜀、资、汉、剑、茂等州并置常平仓，其本上州三千贯，中州二千贯，下州一千贯，每巣具本利与正仓帐同申，二十二年敕应给贷粮本州录奏：待敕到，三口以下给米一石，六口以下给米两石、七口以下给三石，给粟准米计折。"

宋朝商业经济较为发达，一度出现地区纸币"交子"。两宋对农业也较为重视。在农村金融上，两宋曾大规模向贫农借贷种子及耕牛。《宋史》记载："太宗至道二年诏，官仓发粟数十万石，贷京畿及内郡民为种……治平中河北地震民乏粟，率多贱卖耕牛，刘涣知澶州，尽发公钱买之，明年，民无耕牛，价增十倍，涣复出所市牛，以原值与民，澶民赖不失业。"赈灾借贷也比较多，如《康济录》记载："明道程子知扶沟，水灾民饥，请发粟贷之，邻邑亦请。司农怒，遣使阅实，使至邻邑，而令遍自陈，谷且登无贷可也。使至，谓程子盍亦自陈，程子不肯，使者遂言不当贷，程子则请之不已，力言民饥，遂得谷二千石，饥者获济，而司农益怒。视贷籍，谓户同等而所贷不等，檄县杖主使，程子言：济饥当以口之多寡，不当以户之高下，且令实为之，非吏罪。"《文献通考》记载："元丰元年诏以滨棣沧州被水灾，令民第四等以下，立保贷请常平粮有差，仍免出息。"值得重视的是王安石变法中推行的"青苗法"，对农村金融影响较大。该法又称"常平新法"，要求各地以现存常平、广惠仓的一千五百万石钱为本，与转运司兑换成现钱，以现钱贷给广大乡村民户，有剩余也可以贷给城市坊郭户。民户贷请时，须五户或十户结为一保，由上三等户作保，每年正月三十日以前贷请夏料，五月三十日以前贷请秋料，夏料和秋料分别于五月和十月随二税偿还，各收息二分。"青苗法"的初衷是好的，但触犯了地主、官僚的利益，遭到他们的激烈反对。农民在"青苗法"改革中难以获得实惠，反而容易被居心不良、有意钻空子的官僚和地主巧取豪夺以至于丧失土地，因此"青苗法"最终失败了。

元朝虽然短暂实行过赈灾农贷、义仓等行为，但滥发纸币，官僚、地主大肆搞高利贷，对农村金融经济破坏很大，金融发展还不及唐宋时期。到了明清时期，官方推广仓储制度，投资边疆屯垦，促进农业经济发展。《明史》记载："迤北来归就屯之人，给车牛农具，后又免沿边开田官军子粒，减各边屯田子粒有差。"

1.2 古代农村金融的基本形式

纵览古代农村金融，除了官府和私人间的货币及实物借贷，典当和高利贷是农村主要的金融形式，与广大农民的经济生活密切相关。

1.2.1 典当与农村金融

典当，又称"质贷"，一般指的是借贷人向典当行质押财物，确立合同字据，获得贷款。若能在合同时限内偿还本金利息，则抵押品原物归还；如有损坏，则按约赔偿；如逾期不能赎取，则抵押品被典当行没收。

典当的开设，需要三个基本条件：雄厚的资本，健全的安保，高超的鉴定技术。典当行需要购置房屋、设施，聘用管理、销售及安保人员，购买各种典当物品，以及日常周转等，都需要大量的资金。贵重物品如金银、珠宝首饰、名贵衣服等，需要特别注意安全问题，如必要的防火、防盗、防抢劫等。典当物品鱼龙混杂，真假难辨，常有当户混杂假冒伪劣之物谋求暴利，典当行稍有闪失和疏忽就会上当受骗，蒙受损失。因此，典当行必须聘用和培养专业的人才，既要能看出真假并准确估价，又要能识破各种骗局，才能不受骗。

典当作为一种历久弥新的金融方式，在世界各国都相当普遍。中国的典当业兴起较早，具有十分悠久的历史。早在秦汉时期，中国就出现了以物换钱的典当行为及相关词汇。《后汉书·刘虞传》载："虞所赍赏，典当胡夷。"算是"典当"一词最早的来源。魏晋南北朝时期，中国一度出现了寺库典当经济。所谓"寺库",即寺院。《南史·甄张崇传》载:"法崇孙彬。彬有行业,乡党称善。尝以一束苎就州长沙寺库质钱,后赎苎还,于苎束中得五两金,以手巾裹之,彬得,送还寺库。"这段史料完整描述了当时寺庙与乡农之间典当的过程。农民拿物品跑到寺院换钱,等筹够了钱再把东西赎回来,成为当时农村金融的普遍形式。

寺库典当的出现是寺庙经济膨胀的结果。魏晋南北朝时期,兵连祸结,民不聊生,传统儒道思想濒于破产,新兴的佛教宣扬四谛八正十二因缘(如广受追捧的因果、轮回、极乐世界等思想),迎合了求生艰难的广大民众。佛教多强调逆来顺受、苦修成佛等,对于麻痹广大民众的反抗思想、维护统治秩序具有一定的利用价值。因此,佛教得到官方扶持,在政治、经济、文化等方面享有诸多便利,在社会上迅猛发展。社会上崇佛蔚然成风,如:"菩萨皇帝"梁武帝三次舍身入寺,迫使大臣重金赎回;北齐则动用国库,豢养全国寺庙。上至皇亲国戚、世家望族,下到平民百姓,纷纷捐赠香火钱,施田施物以供养寺庙、僧尼。在统治者的支持下,一时间寺院庙宇、石窟佛像如春笋破地,数量激增。北齐兴建了 4 万余所寺院,僧尼人数超过 200 万,约占总人口的十分之一。寺院经济空前发达,"十分天下之财,而佛有七八"。寺庙经济的膨胀,为寺库典当的出现提供了条件。

在香火钱、田亩收入以及官府免税的基础上,寺院积累了大量的剩余资本。寺库披上浓厚的宗教外衣,以慈善和崇佛为说辞,宣称按照佛教"无尽财"思想,出贷济贫,计息取利,回转生财,用以事佛,形成一个自圆其说的典当经济。虽然其中不乏慈善济贫的事例,有利于乡村经济和道德维护,但是到后期逐渐失控和变得有名无实。寺库的典当利率越来越高,直接变成恶性的高利贷,迫使乡民卖儿卖地,流离失所,影响社会稳定。随着社会经济的发展,尤其是王朝接连发起灭佛限佛运动(如北魏太武帝灭佛、唐武帝灭佛、北周武帝灭佛),乡村寺库典当被削弱,不再独霸乡村金融。

至唐宋时期,乡村典当逐渐多元化,从单一的寺库质贷发展为官营、私营、寺营三典并存的格局。唐朝质贷业十分兴盛,几乎遍及乡村,成为唐朝"最大的商业"，在一定程度上活跃了唐朝的经济。上至达官贵人，下至富商豪绅，纷纷逐利其中，坐地收息。由于公私质库争相牟利，巧取豪夺，朝廷不得不严加整饬，颁布法令限制典当利率。如《大唐六典》卷六载："凡质举之利，收子不得逾五分出息，债过其倍。若回利充本，本官不理。"由于城乡典当业的发达，典当行积累了大量的财富，唐朝军费紧张之时，甚至会强行向典当行借钱。

宋朝的商品贸易远比唐朝发达，推动了乡村典当业的进一步发展。典当业在唐朝的多元化基础上往专业化发展。北宋张择端的《清明上河图》就画有挑着"解"字幌子的典当机构。南宋建炎年间（1127—1130），朝廷为了融通资金、救济流亡、稳定社会、偏安江南，采取特殊措施鼓励典当业发展，明令凡开设典当者得授以朝奉郎官衔，跻身仕途，许着皂衫、角带、不顶帽的吏员装束和免除赋税徭役。官府公开提升典当者的政治地位，有力推动了宋朝典当业的繁荣。随着典当机构数量的增多，典当行业正式出现，称谓也名目繁多。北方人谓之"解库"，江南人则叫"质库"，寺院又叫"长生库"。天长日久便衍生出一些富有新意的名称，如"解典库""典库""抵当库"等，并最终出现了"典当"这一名称。后来"典当"二字逐渐被大家接受，成为这个行业的名称。

与南宋并存的北方政权金国，典当业也十分发达，但亦有对民间的利息失控之时。据《金史·百官志》载："大定十三年，上谓宰臣曰：闻民间质典，利息重者至五七分，或以利为本，小民苦之。若官为设库务，十中取一为息，以助官吏廪给之费，似可便民。"虽然金国建立官库不乏薄利多销的牟利之意，但是限制利率和控制典当稳定发展，减轻民间压力，也是客观存在的。为了有效管理，金国专门设立官典机构、职官和相关规则。这显示了古代典当业的成熟。

元朝对典当业的管理总体不善，放任权贵阶层向民众放贷典利，设计出"羊羔儿利"等"驴打滚，利滚利"的重复计利方式，骗取高额利息，尽可能地榨取暴利，导致民怨沸腾和社会动荡。元末明初，由于受到战争的影响，许多寺院都搬去深山老林了，佛寺典当不断萎缩，后逐步消失，为明朝整顿典当业提供了历史契机。

明朝统治者吸取了前朝灭亡的经验教训，认为元朝灭亡是因为政治腐败，尤其是官员以权谋私，大肆放高利贷，严重危害了社会生产和经济的正常发展。明太祖朱元璋规定："凡公侯内外文武官四品以上官，不得放债。"明永乐以后政府又多次重申这一禁令，限制了官员及权贵参与典当牟利的数量。不过由于财政需要，官府并未禁止民间典当，而是强调严加管理，不过度膨胀危害政权即可，从而使典当业进入民间经营占主导的历史阶段。为了兼顾经济发展和税收需要，明朝开始制定灵活的政策，城乡典当分开收税，在一定程度上推动了典当经济的繁荣发展。晋商成为明朝典当业代表者之一。晋商典当业繁荣主要表现在：第一，山西人开设的典当行分布地域极广，山西境内的典当业全部由山西人经营，而省外的当铺也有许多山西人在经营。山西人不光是开设的当铺最多，从业人数也是最多的。典当业同业公会的会长也多由山西人担任。第二，山西典当行的资本雄厚，规模庞大。

明朝典当业的发展也绝非偶然。白银的广泛流通和货币化始于明初，政府虽奉行扶持农业自然经济的政策，但在金融领域并未完全阻止白银流通。明宣德年间，由于国内商业贸易的日益发达和海外市场的大力开拓，商业发展对货币的需求量也越来越大。到宣德十年（1435），政府不得不解除金银作为货币流通的禁令，不光政府征收赋税折银化，就连民间贸易中的粮米、布匹等商品也已用白银来标价。

广大农民和小生产者所必需的生产、生活资料越来越多地依赖于资本市场。为了筹集资金，有些农民和生产者"势不得不贷之有力之家"。到明万历时期，首辅张居正推行"一条鞭法"，规定除一部分贡品继续征收实物外，其余一切赋税"皆计亩征银"，小民承担的货币赋税越来越重。这也导致老百姓要从典当行贷款来支付政府的货币赋税。对生活拮据的百姓来说，典当铺是要经常跑的。一旦凑不够钱赎回自己的财物，他们的财物就会被当铺没收。为了还当铺的钱，这些百姓不得不继续典当其他东西换钱，这也是封建社会生活的真实写照。连民国时期的鲁迅都在《呐喊》自序里写道："我有四年多，曾经常常，几乎是每天，出入于质铺和药店。"

明万历三十五年（1607），为给国库收入开辟税源和防止过度膨胀，朝廷对典当业专设了一个税种，名曰"典税"。它明确规定商人每个月通过经营当铺得到的利润不得超过本金的三分之一，超过三分之一的部分会被征收。这个政策能够很好地防止当铺变成高利贷，一定程度上减少了当铺的利润。如果过多的商品流入当铺，会使得在市面上流通的商品不足，导致物价上涨。因此，明朝官府在鼓励典当业的同时，也对典当行业的经营范围作出了一定的规定。比如当铺不能当人，当铺接收同一种物品的数量不能过五百，以防止囤积居奇。经过官府的鼓励和引导，明朝的典当行业获得了长足又稳定的发展。

清军入主中原后，清政府从稳定社会经济和巩固封建统治的目的出发，大力支持典当业的发展，甚至皇家也开办典当行牟利，出现皇当、官当、民当、寺当四种形式，达到了古代中国典当的高峰。例如掌管皇室事务和财富的内务府就开设了许多典当行。清朝的典当业及典当税收属户部管理。清朝编《六部成语注解·户部成语》："典税，业质物典铺之人应纳之税也。"《六部成语注解补遗·户部》亦曰："凡开典当，商家必须赴部请领凭帖始许开设。"顺治九年（1652）规定各省当铺每年纳税银 5 两，北京则按铺面大小进行征收。康熙三年（1664）又重申了每年 5 两的当铺税，该年政府征收当税 11 万多两。雍正六年（1728），进一步规定各省当铺由布政司钤印颁帖，凭帖抽税。这一制度一直延续至清末。

到了民国时期，中国典当业呈现日趋衰落的趋势，尤其是 20 世纪 30 年代，全国当铺大约 4500 家，比 150 多年前的乾隆年间锐减 70%。衰落的主要原因是清末民初政权更迭频繁，军阀割据，社会动荡不安，货币混乱，苛捐杂税众多，经济萧条，造成典当业的生存环境极为恶劣。更重要的是民国时期西方金融对我国日渐渗入，传统典当业在与钱庄、票号、票局及国内外资本兴办的借贷所、合作社、银行等众多"金融机构"的激烈竞争中，未能及时转换经营理念，导致典当业资金枯竭，经营形势一落千丈。新中国成立时，出于稳定经济的目的，典当业被暂时保留。1954 年底，人民银行召开反高利贷会议，开始对典当业进行限制。1956 年，公私合营时期，各地典当行陆续被改造成人民银行领导的"小额质押贷款处"，此后作为"资本主义的尾巴"暂时消失。改革开放后，典当业又浮出水面。随着政策的推进，1987年12月，四川成都华茂典当商行正式成立，标志着沉寂了三十余年的典当业复苏了。

在农村社会生产生活中，谁也无法保证可以避免资本的借贷。典当行借贷资本无须信用，只需值钱的物品质押。只要典当行同意质押，借贷者马上就可得到现款。对于农民来讲，典当行借贷资本是方便快捷的，这也是典当业能在中国存在上千年的理由。尽管有很多当铺提供高息贷款来剥削人民，也有当铺提供低息贷款帮助基层民众和商户渡过难关。但与此同时，典当的牟利和剥削也是客观存在的。因此，要妥善立法管理和检查，尤其要严防典当利率过高而往恶性高利贷转变，恶化社会道德和秩序。

1.2.2　农村高利贷

高利贷是指利息很高的贷款。高利贷信用是最古老的信用形态，是通过贷放货币或实物以收取高额利息为目的的一种信用关系。它产生于原始社会末期，在奴隶社会和封建社会是信用的基本形式。也就是说，在资本主义社会出现以及现代银行制度建立之前，民间放贷收取的利息是相当之高的。

高利贷在中国古代社会尤为盛行，最为常见的是所谓"驴打滚，利滚利"，即以一月为限，过期不还者，利转为本，本利翻转，越滚越大。这是最厉害的复利计算形式。

春秋战国后期，周朝最后一位君主周赧王听信楚考烈王，以天子之名召集六国出兵六千伐秦，但由于没有军费，只好向富商地主借钱并许以高息。结果战败，周赧王无力还钱，被逼无奈躲到宫内高台上来逃避债主。由此，"债台高筑"成为中国历史上首个因高利贷破产而出现的成语典故，流传至今。

到了春秋时期，以"货币"为基础的高利贷开始出现。随着商品经济不断发展，贫富分化也越来越严重，加上战争和饥荒，大量面临经济困境的百姓都有借贷的需求，民间借贷行为开始逐渐兴盛。

在先秦时期，信贷行业的利率平均在50%左右。据《管子》一书记载：春秋时期，齐国西部谷物借贷的利率超过100%，而在利率最低的地方，借贷利率也高达20%。

历史上第一次民间借贷高潮出现在汉朝。据范文澜《中国通史》："凡是大工商业主，尤其是大子钱家大囤积商，正当商人每年取息十分之二，高利贷囤积商取利息至少是十分之三，有时竟取十倍。"所谓"子钱家"，就是高利贷商人，当时比较出名的有长安的樊嘉、王孙卿，洛阳的张长叔、薛子仲，成都的罗氏等，资本动辄几千万乃至上亿钱。

汉朝最有名的子钱家是汉景帝时长安的无盐氏。《史记》中记载，汉景帝执政的第三年，"七国之乱"爆发，朝廷要平息叛乱，但财政困难、国库空虚，景帝只能向子钱家们借钱。"子钱家以侯邑国在关东，成败未决，莫肯与"，只有无盐氏肯借钱1000金给朝廷，约定"其息什之"，也就是利息按本金的10倍计算。结果"七国之乱"平定，汉景帝兑现承诺，按照10倍的利率归还了本息。

汉景帝之后，汉武帝为了维护前方战局稳定、打压高利贷而制定了"初算缗钱"，向放贷者收取高额资产税，等等。然而，强势的汉武帝最终没能斗得过高利贷，他打击放贷商人的政策更是引发了巨大的社会动荡。此外，还有汉成帝在寺庙依仗权贵设立"长生库"作为合法放贷机构。

其实，民间借贷是一种重要的社会融资手段。由于获取资金门槛低、手续便捷、资金使用效率高，其自古以来便广泛存在。时至今日，随着现代社会经济的发展，以及金融创新力度的不断加大和相应行政法规、司法解释的出台，对民间借贷行为的管理也越来越规范，进一步发挥了其支持经济发展的作用。

借贷在中国起源于何时已不可考，最早的记载是在《周礼》中。据该书中的《地宫》篇记载："泉府，掌以市之征布，敛市之不售，贷之滞于民用者，以其贾买之。"也就是说，当时国家设置了"泉府"这样的机构，主要职能是调节市场供需，是国家干预经济的一种手段。

根据《周礼》记载，泉府还有经营赊贷的职能。百姓遇到祭祀、丧葬等没钱办理，可以向泉府赊款，用于祭祀的10天以内还款、用于丧葬的3个月以内还款都不收利息；而遇到其他经济困难，生产生活周转不开，也可以向泉府贷钱，但要收取一定的利息。泉府是官办机构，不属于民间借贷行为，它收取的利息相对较低，不算高利贷，却是古代借贷行为的起源。

唐朝，官员的待遇普遍不高，尤其是大量中下层官员，像白居易辛苦攒了十来年的俸禄仍买不起长安的房子。而唐朝官员又存在大量"轮岗"和"异地任职"，往往干不了几年就得换地方，不仅居无定所，而且需要额外支出不少"安家费"。有的官员要去很远的地方上任，甚至拿不出路费，只得借高利贷。《旧唐书》记载："又赴选官人多京债，到任填还，致其贪求，罔不由此。"这里揭示了京债比一般高利贷更大的危害，那就是这些官员为了还钱，到任后往往会加倍搜刮，危害社会。

京债这种高利贷形式在唐朝以后仍然存在。明清之际还出现了专门经营京债的机构——账局，经营者有贵族、官吏、商人和其他富人，客户主要是因赴考、赴选、在京候选、赴任而借债的举子或官员。高风险、高利润的京债，在明朝中后期大肆盛行。而这种表面上被法律明令禁止的行为，却在庞大的官僚体系当中十分流行。明朝的京债看似和官僚体制、社会动荡及百姓生活无甚关系，但正因为其针对的人群是官吏和当时社会阶层当中处于上层的一群人，所以京债的存在，成为破坏明朝官僚体制和危害社会民生的主要诱因。

此外，说到高利贷，不能不提到寺庙。陆游说："今僧寺辄作库，质钱取利，谓之长生库。"所谓长生库，便是寺院设立的放贷机构。《梦华录》中，男主人公顾千帆给女主人公赵盼儿的三千贯大相国寺长生库库帖，实质上是大相国寺提供的实物抵押贷款。通俗来说，就是急需用钱的客户可以用房产、地契、贵重物品等作抵押，向经过审批的放贷机构大相国寺申请贷款，大相国寺的僧侣经评估后发放银两，并收取利息。

宋朝的长生库，也就是典当行，分官营、民营和寺院经营。大佛寺是经过官方认可的长生库经营单位。长生库初期的资本主要来源于皇室宗亲参股、权贵富豪投资、民间施舍以及寺院的日常经营、生产收入等。而寺院一般是以善男信女们供奉的香火钱为资本开办质押贷款业务。急需用钱的人把衣物、首饰甚至农具等有实用价值又耐存放的物品拿来抵押，到期归还本息。这其实是典当业务最早的雏形。到了宋朝有了一个专门的名称——长生库。

元朝有一种被称为"羊羔儿利"的高利贷形式，因其约定在羊产羔时本利对收而得名。《元史》记载："官民贷回鹘金偿官者，岁加倍，名羊羔息。"这种高利贷不仅年利率高达100%，而且次年转息为本，本再生息，息又生本，所谓"利滚利"。农民一旦借了这种高利贷，无不"破家散族"。关汉卿写的《救风尘》里有"干家的乾落得淘闲气，买虚的看取些羊羔利"的描述。赵翼的《水车十百戽田水入河》一诗中写道："绝似贫人还宿债，羊羔利较本钱多。"元朝的高利贷利率可谓高到了极致，因此也直接导致了农民起义。

高利贷利率容易加重借贷者的经济负担，激化社会矛盾。历代统治者都认识到这个问题的严重性，从规范借贷过程、打击非法行为入手，制定了不少政策。

在规范借贷过程方面，主要是限定利率水平。《汉书》记载汉武帝时陵乡侯刘沂"坐贷谷息过律，免"，说明当时已经制定了借贷的利率上限标准。王莽改革一切师法古制，把西周设置泉府的一套政策"依葫芦画瓢"拿来照用，赊钱免息，贷款利率规定为"无过岁什一"，即年利率不超过10%。唐开元年间、宋庆元年间均专门规定民间借贷最高利率标准，一般不超过月息四分，明清时期规定的标准一般为月息三分。

此外，历代还采取一些其他临时措施减少高利贷带来的恶劣影响：如王莽改革中设立官营借贷机构，以较低利率向贫困农户贷款；王安石变法中推出的"青苗法"，重要的一点就是农户在青黄不接时可以向国家借贷；元太宗时期针对利率过高造成的严重问题，曾规定由国家代偿一部分因支付赋税而借的高息贷款。尽管这些措施在实行过程中都遇到了不少问题，并没有达到预期目标，但也算为解决高利贷问题而采取的积极行动。

我国最高人民法院《关于审理民间借贷案件适用法律若干问题的规定》第二十六条规定：借贷双方约定的利率未超过年利率24%，出借人请求借款人按照约定的利率支付利息的，人民法院应予支持。借贷双方约定的利率超过年利率36%，超过部分的利息约定无效。借款人请求出借人返还已支付的超过年利率 36% 部分的利息，人民法院应予支持。

《中华人民共和国民法典》第六百八十条规定：禁止放高利贷，借款的利率不得违反国家有关规定。借款合同对支付利息没有约定，视为没有利息。借款合同对支付利息约定不明确，当事人不能达成补充协议，按照当地或者当事人的交易方式、交易习惯、市场利率等因素确定利息；自然人之间的借款，视为没有利息。

综上可见，高利贷行业自古有之，而从未改变的一点就是：放贷者的背后，皆是为了利益，也都有一些其他支持，不论是寺庙，还是钱庄。自古"天下熙熙，皆为利来；天下攘攘，皆为利往"。而民间借贷作为一种资源丰富、操作简捷灵便的融资手段，在一定程度上缓解了银行信贷资金不足的矛盾，促进了经济的发展。但显而易见的是，民间借贷的随意性、风险性容易造成诸多社会问题。

此外，还有合会形式，即农村自发形成的小规模集资形式。不过它受制于农民的资金、天灾人祸及官僚地主的压榨，农村合会数量少，非常薄弱，对农业金融整体影响不如典当和高利贷。

2 近代以来中国农村金融的发展

鸦片战争以后，古老中国的大门被外国列强用坚船利炮打开，这加速了自然经济的瓦解和转变，更推动了中国近代工商业的迅速发展，在思想、文化、政治等各个方面都发生了剧变。在三千年未有之大变局的影响下，中国不得不"师夷长技以制夷"，从西方引进近代化的农业金融概念、机构及运行模式，并结合中国的客观实际变通使用，艰难地开启了农村金融的近代化之路。

2.1 清末农村金融近代化起步

从鸦片战争到八国联军入侵，中国在外国列强的持续侵略及一系列不平等条约的影响下，变成半殖民地半封建社会，使中国经济逐渐沦为世界资本主义市场的原料产地和商品倾销地，引发了诸多历史剧变。农业上，传统农耕经济受到严重冲击，男耕女织式的农业经济结构开始瓦解，商品经济化加快，如茶叶、棉花、油等经济作物开始大量占据耕地。工业上，洋务运动开启了中国早期工业化进程，兴建了一批军事工业和民用工业，既需要大量的资金，又能创造大量的财富。商业上，中外贸易总额增加，民族资本主义开始兴起和发展。金融上，外国银行通过战争和借贷的方式，由东南沿海深入到内陆，攫取大量的经济利益，直接影响了工农业的健康发展，并刺激了清末朝廷资助筹办官办银行，为农村近代金融机构的出现提供了条件。清末新式银行的设立，标志着中国新式农业金融机构的诞生。不过其数量和比重少得可怜，国内的传统钱庄、票号及当铺，以及财大气粗的外国银行，仍然是主导农村乃至整个中国的实际金融力量。

2.1.1 钱庄与农村金融

钱庄俗称钱铺，又称"钱店""银号""钱肆""钱米店"等，是传统中国社会主要的金融机构之一。

随着沿海城市和长江沿岸主要城市的开放，商品经济迅速发展，江浙沪地区的钱庄发展最快，其中又以上海最多。清末，北京大小钱庄300余家，汉口大小钱庄500余家，上海大小钱庄600余家。

钱庄的业务主要是兑换银钱、发行期票，还包括存款、贷款、汇兑、发行庄票、买卖金银等，在一定程度上促进了城乡及工商业经济的发展。不过在经济大变局下，传统钱庄深受外国经济势力影响。钱庄由于规模小、资金少，为了牟利，不得不与洋商洋行勾结，或借用洋商款项，或充当中间汇兑转账机构，或帮助洋行推销商品和掠夺原材料。

钱庄与外国银行的业务往来，包括收付庄票、鉴定金银、买卖汇票、拆借款项等。如汇丰银行早在第二次鸦片战争时就开始通过买办搭桥，对钱庄拆借款项。买办积累了资金后入股洋行，还自办钱庄，综合牟利。这些人一身二任，既是钱庄老板，又是银行买办，把外国银行与钱庄联系起来。他们把买办资本注入钱庄，改变了钱庄的资本结构，加重了钱庄的买办性。这种买办钱庄，依托租界和外国人的庇护，罔顾法律，勾结外国银行，为非作歹，大肆吸收国内外资金，牟取暴利。晚清时期上海道台多次布告，禁止上海钱庄的投机活动，但是租界不予配合，拒绝公布命令，还庇护其区域内的钱庄进行投机。

除了吸收内部资金，钱庄还利用洋行筹款，然后令国内商人进口洋货，输出农村原材料。这种特殊方式叫"庄票"。庄票就是钱庄为国内外金融及贸易机构开具的票据，凭此在规定期限内可以直接到指定的钱庄或者银行提取款项，是晚清民国一种重要的期票形式。银行在中国未普及前，庄票是一种在城乡比较流行的金融流通形式。比如当中国商人捐客向洋行购货没有足够现金时，洋行又不了解中国商人的资信，不敢赊销，于是商人便请求钱庄提供信用，钱庄便开出庄票，而洋行对钱庄的庄票比较信任，到期即可向钱庄收取现金。如此两处得利，共同推动中外贸易的发展。晚清中国农村的重要出口物品如丝、茶，之所以能够屡经农村、城镇、陆地、海洋，最终运到国外销售，推动中国经济的发展，很大程度上是国内钱庄票号的融通。钱庄一般选择贷出巨款给当地商行收购丝、茶，待卖了丝、茶后再归还。外国列强对羊毛、猪鬃等农畜产品的掠夺，跟这个差不多。

不过它的弊端也是十分明显的。钱庄的资本少，国内政治腐败动荡，不得不依靠外部资本甚至外部势力作为依靠，才能应对日益增加的社会需求，从中牟利，迫使国内钱庄与外部银行及势力高度绑定，难以独立，变成外资控制中国金融市场和牟取暴利的工具，甚至在极端情况下成为外资套取国内资本、转嫁危机的空手套，进而危害金融及市场经济稳定，扰乱社会秩序，损害政府威信。

钱庄一旦过度听信外资，盲目透支信用，滥发期票或者收购，则暗藏破产危机。由于钱庄本钱少，不重抵押和保证，一遇意外，贷款收不回来，便要倒闭。1894—1911 年钱庄发生过两次重大倒闭风潮。第一次是1897 年发生在上海的"贴票风潮"。所谓贴票，即钱庄向借钱的鸦片贩子开具的期票，到期本息兑换，意图获取短期暴利。最初少数钱庄经营贴票，到期还可兑现，尝到了甜头。闻到腥味的其他钱庄，纷纷加入，广泛发行，泛滥成灾。投机商人利用高利率骗取大量社会存款，但是鸦片等抵押物又不能及时卖出去折现，导致最终不能兑现，信用破产，迫使大批钱庄倒闭。

第二次是清末上海的"橡胶风潮"。当时有一个英国骗子叫麦便，在上海开设一家"橡胶公司"，利用报刊、洋行、钱庄、官绅等各种渠道上下游说，大造经营橡胶即可获巨利的舆论，疯狂兜售股票，立即吸引了大批的投机客。投机客资金不够，就向钱庄借款买股票。钱庄不辨真假，也跟着凑热闹，对外大量贷款，自己更是购买了巨额股票。没想到此人玩的是空手套白狼的把戏，抛出全部股票后就携款潜逃了。投机商和钱庄被坑了个底朝天，股票成了废纸，筹划在农村广种橡胶也没有了下文，接连破产倒闭，引发短期经济动荡。

这说明钱庄虽然能够起到融通中外资金的金融作用，促进农村经济发展，但是说到底由于存在私人性、封建性、狭隘性等弊端，在动荡的半殖民地半封建社会，很难发展成适应经济发展的银行体系，必然会走向没落。到北洋政府时期，钱庄一度衰落，后来又逐渐有所恢复，但已经是强弩之末，最终还是被国家银行体系所取代。

2.1.2　票号与农村金融

票号，是北方的称呼，乃"票据商号"之意，俗称"票庄"或"汇兑庄"。它的主要业务职能是汇存款项和跨地汇兑，尤以汇兑为特色。票号俗称"山西票号"，因为票号主要是由晋商最早发起经营的，规模最大的也是晋商，所以带有明显的地域性和帮派性，但不具有全国性。山西票号是一个总称，内部派别众多，如平遥帮、祁县帮、太谷帮、太原帮等。

山西票号按权限、职能来划分，分为总号和分号。总号位居山西境内，分号散居国内外。总号"大权总揽"，拥有最终的决策权、人事权、利益分配权、经营权等，起一锤定音的作用；分号则在总号规定的职权范围内，在一定地域、人群内部拥有较高的职权。清末民初的山西票号十分发达，在国内各大城市都设有分号，在国外也有据点，东至日本的大阪、神户，西达中亚，北至沙俄，南至新加坡等东南亚国家。

票号的资本较大，据清末史料披露，超百万两的有 6 家，如榆次常家 100 万～200 万两，祁县乔家 400 万～500 万两，太古曹家 600 万～700 万两，介休侯家有 700 万～800 万两，几十万两的则有十几家，可见山西票号的资本实力较为可观。山西票号的资本之所以较一般钱庄雄厚，得益于其特殊的资本组成。票号很少为个人独资，以合资为主，按股集资，如银股和人力股（劳力多年的伙计，参与分利）。

票号经营牟利的方式比较多样。其中国内外存款和汇兑是主要的利润业务。山西票号通过吸收国内外及官府或私人存款，赚取代保代管的利息（其中扣息是其重要利益来源）。晚清贪污腐败严重，官私用款巨大，票号通过存款业务获取了大量的利益。不过相比于存款，跨地汇兑才是山西票号周转全国的生命力所在。山西票号通过人际关系、贿买等方式，获取官方的现金、银票、汇款、书信、银票等异地汇兑特权，将汇兑业务最大限度地进行地域人群扩展。可以说下至乡里私人，上至官方军队，内至城乡都市，外至边关僻壤，都有山西票号的影子。如1876年左宗棠西征向外国银行借款140多万两，就是由驻沪山西票号长途转运的。

相比存款扣息，汇兑的收益要大得多，套路也更多。汇票收益有三：一曰汇水，类似于跑腿费，指的是票号按照时间和路途向客户收取的水脚银，一般获利不菲；二曰存款转放款或贷款的利息差价，有些票号收放的利息差价甚至高达五厘；三曰折色牟利，即借口刚收上来的金银或其他抵押物，成色或质量不足，按照细微差距折色收取，等到放款或者对外贷款的时候却以足色或高质量出售，从中套取差价。第一种是比较实在的，后两种则体现了票号好利奸猾的一面。

山西票号与农村金融经济关系密切。山西票号曾发行一种叫"土票"的汇兑期票，专门收购农村的土地、鸦片及其他较为值钱的货物。晋商通过"土票"投机，从贫困的河南农民手上套取了大量的土地，更四处活动，从云南、贵州、四川、浙江、陕西、甘肃、东三省农民处收购了大量的鸦片，然后囤积居奇，从中套取暴利，成为显赫一时的土地投机商和大鸦片贩子，但对地方农村经济并没有起到多少正面的作用。

清末山西票号在中国城乡盛极一时，据称在1906年前后山西票号年度汇款总额可达2000万两，但到民初之后却很快衰落了。这主要是由于山西票号存在先天性的结构弊端。第一个原因便是山西票号组织和运营具有极强的家族性、地域性，家族和同乡经营观念牢不可破，缺乏必要的包容性和开放性。票号掌权者均是山西人，外省人想要跻身票号上层牟利，简直比登天还难。这就必然地限制了外省优秀人才和巨额外资的加入及票号的扩大经营。其组建和运营围绕着总号及其初建家族展开，内则至亲，外则同地亲戚好友，再外则同乡，先亲族而后外人，层级森严，难以逾越，形成一个闭环。这是山西票号的核心问题，虽然内外有目共睹，众口非议，常说改革，但是一旦涉及高层股权分割，影响家族利益，则往往戛然而止，始终难以改变。这背后反映出山西票号经营者观念守旧，不能与时俱进。1904年，清政府预备组建新式银行，号召北京等地的钱庄票号入股组建。为了保住自己狭隘的股权和总控制权，山西票号拒绝加入，不愿转变成新式银行。

第二是内部制度不合理。山西票号的信用放款具有重大缺陷——只重视私人关系的信用，不注重实物抵押，一遇突发状况，极易血本无归。再就是颇为人诟病的低薪高福利待遇模式。山西票号给伙计开的薪金很低，但给的日常饮食起居待遇却比较优厚。大掌柜薪水不过二三百两，伙计才四两左右，而发放时间比较长，常常隔三年才算一次。表面上是用优厚的物质生活待遇把管理服务人员拴在店里，尽可能榨取其劳动剩余价值，实则违背基本的生活和经济逻辑，滋生腐败，侵蚀资本，大量伙计赌博宿娼、盗取银本、花天酒地成风，与勤俭致富的初衷背道而驰。

第三是裙带主义下的用人弊端。由于家族性和地域性，山西票号不可避免地存在严重的裙带主义。经营规范、牟利多少等，全看伙计的主观素质。虽然票号也有惩罚制度规定，但是一旦处罚涉及中上层，则变成一纸空文，不了了之。长此以往，则恶性循环，难以振作，形成相当严重的人事弊病。

第四则是现代银行的发生和发展对传统金融机构之生存产生巨大的革命效应。中日甲午战争以后外国资本增加对华输出，建立了更多财大气粗的现代银行，在管理规划和职能服务上，比传统票号更加合理和便利，逐渐替代了山西票号在城乡金融上的融通作用。清末筹建的户部银行、交通银行等国家银行及各省相继成立的官银钱号，替代了票号所经营的国库及官款业务，而大量的外资银行和江浙众多的钱庄，以及近代官办邮政业的崛起，也夺走了票号很多汇兑生意，导致山西票号的跨地域优势日渐萎缩甚至消亡。

2.1.3 外国银行与农村金融

外国银行对中国农村金融经济有直接和间接的重大影响。鸦片战争以后外国列强在华设置的银行越来越多，其中英国数量最多，实力最强，代表性的有汇丰银行、东方银行（丽如银行）、汇隆银行、呵加剌银行、麦加利银行；第二是法国，代表性的有法兰西银行、东方汇理银行；第三是德国，代表性的有德华银行、德意志银行；第四是美国，代表性的有花旗银行、旗昌洋行；第五是日本，代表性的有横滨正金银行、正隆银行；第六是俄国，代表性的有华俄道胜银行；第七是荷兰，代表性的有荷兰银行；第八是比利时，代表性的有华比银行。这些外资银行依托列强武力和不平等条约，积极配合外国列强对华商品倾销和资本侵略，把中国的财政经济完全置于它们的控制之中，具有很强的侵略性。

清末民初外国资本对农村金融经济的侵略既有直接的，也有间接的，而间接侵略的危害更大。

直接方面：外国银行直接支持本国商品对华倾销、掠夺中国的廉价原料，赚取高额利润。一是导致传统种植业经济解体，很多中小手工业破产，大量农民失业，流离失所，挣扎在死亡线上。二是夺取了原本属于中国的优势产业，如种茶业、丝织业、棉纺业等，将广大的农村变成外国资本的原料产地，造成畸形发展。再就是外国银行对华恶意倾销鸦片，进一步加剧了农民的贫苦和动荡。三是外资在国内投资设厂，需要大批廉价劳动力，许多破产或贫苦的农民不得不转变成产业工人，被压榨更多的劳动价值。有些还被利欲熏心者卖到国外，引起了人口规模上百万的"猪仔"贸易，给海外华侨华人带来深重的苦难。

间接方面：外国银行强横要求清政府赔款或者接受巨大的政治贷款，并制定种种不平等条约，全方位控制和侵害农村金融经济，使清政府不得不增加税费，间接大大加重了农民的负担。到中日甲午战争时，清政府向外国举借外债4600万两，其中通过外国银行进行的约占74%。由汇丰银行一手包办的达2900万两，占全部借款的63%以上。

中日甲午战争后，《马关条约》规定清政府赔款2.3亿两。清政府迫于赔款和赎金，接受了危害巨大的三次政治大借款。第一次是俄法借款，共4亿法郎，年息4%，折扣94.125%，限期36年，以中国关税作抵押。第二次是英德借款，共1600万英镑，仍以关税为抵押。第三次借款是1898年3月，为偿付甲午赔款，又与英德签订了1600万英镑的借款，年息4.5%，折扣83%，期限45年，以关税、盐厘担保。外国资本通过间接的贷款，假借清政府之手，直接夺取了中国在国内关税、厘金、盐税等方面应有的自主权。除了强制性的政治借款之外，各外国银行还疯狂地以投资的形式掠夺中国的铁路权和矿藏权。中日甲午战争之后，中国兴起了铁路借款潮。如 1897 年 12 月芦津铁路借款 60 万两，由汇丰、麦加利、华俄道胜三行经办；1898 年 6 月芦汉铁路借款 1.125 亿法郎；1898 年 10 月关内外铁路借款 230 万英镑；1902 年 10 月正太铁路借款 4000 万法郎。在这种情况下，中国连自己的土地、矿藏都不能自主了。

再就是在中国境内发行纸币，直接夺取中国的货币自主权，掠夺农民的财富。中日甲午战争后，各外国在华银行进一步在中国非法发行纸币。仅以英、德、法、日、美五国银行的情况来看，麦加利银行发行两种钞票：一种是一元、五元、十元、五十元、百元银圆券；另一种是五两、十两、五十两、百两银两券。其流通区域多在上海与香港。汇丰银行发行两种钞票，与麦加利一样，多流通在香港、上海、广州；德华银行发行银圆、银两两种钞票，以山东为流通中心；横滨正金银行发行银圆券，以东三省为流通中心；东方汇理银行发行钞票，流通于越南及滇越铁路一带，云南各地也有流通；花旗银行发行一元、五元、十元、五十元、百元钞票五种，以上海为流通中心。1900—1911 年，汇丰、东方汇理、麦加利、花旗、横滨正金及华俄道胜银行将所发行钞票折合成它们本国货币的数额。这些银行所发行的各种纸币，凡属以中国通货市场为对象发行的，固然全部在中国境内流通，以中国以外地区通货市场为对象发行的纸币也在中国广泛流通。例如在法属印支（今越、柬、老三国）发行的东方汇理银行券，常通行于云南、贵州。

另外一个不利于农村金融经济的是，外国银行通过各种手段大量吸收国内资金，减少了国内金融机构的存储量和对内支持经济活动的能力，使农村金融缺乏必要的充足资本，崛起和发展之路十分艰难。据粗略统计，对华金融和贸易最多的汇丰银行，在 1890 年存款总额为 1865 年的 41.8 倍，存款余额高达 9335 万元，同期放款余额为 6388 万余元。1900—1906 年，该行实收资本 1000 万元，其纸币发行额最低年份为 1251 万元，最高达 1905 万元。1907—1911 年，该行实收资本为 1500 万元，而纸币的发行额最低为 1503 万元，最高达 2531 万元，超过其实收资本 68.8%。进入民国初年，政局动荡，中国剥削阶级为了转移财富，都把外国银行当保险库，纷纷前去储存，从而充实了他们的营运资金，进一步削弱了农村的财力，制约了现代农村金融的发展。

2.1.4 清末新式银行与农村金融

中国最早主张建立银行、发行纸币的是太平天国洪仁玕，但因为太平天国很快灭亡，其主张就变成一纸空文，没有实现。继续宣传银行思想的是早期维新主义者郑观应。不同于洪仁玕的私人银行，郑观应在《盛世危言》中提出官办国有银行，将银行视为商务之本、百业总枢，推动经济的发展，挽救统治危机。这一极具远见的建议在当时并没有引起重视。

甲午战败，举国震动，开始奋起直追，建设国有银行。中国通商银行应运而生。它招商股 500 万两，借户部库银 100 万两，于 1897 年 5 月 27 日在上海成立。这是中国近代银行的始创。在管理上，它模仿汇丰银行体制，内部设置中国经理和外国经理，各自处理业务和行政。该行从开业至辛亥革命十多年间，存款最多时可达四五百万两，放款有五百万至八百万两。因清政府授权该行发行纸币和兼办代收库银，其资金的去向一是商业放款（主要是向外国银行放款），二是实业放款，三是对钱庄拆借。由于盛宣怀在该行的股份中占很大比重，从表面上看该行是一个商办民族资本银行，实际上是一个以盛宣怀为代表的官僚买办和封建势力共同控制的资本主义式银行。

为进一步解决财政危机，1904—1905 年清政府筹划成立了户部银行，以便整理币制，推行纸币。1905 年 8 月清政府成立户部银行，在天津、上海设分行，即国家银行的创始。1906—1907 年又在汉口、济南、张家口、奉天、营口、库伦（今乌兰巴托）设分行。1908 年清政府颁布《大清银行则例》，户部银行改称"大清银行"，定为国家银行，也是我国最早的中央银行。改称"大清银行"后，又增报资本 600 万两，扩充分号达 35 家，是清末最大的新式银行。

1907—1908 年，清政府应对社会提倡兴办新式工业、挽回路权、反对铁路借款、自办铁路的要求，筹资 500 万两建立交通银行，由邮传部控制，主要办理轮船、铁路、电报、邮政四个单位的一切款项收付，办理存款、汇兑、借款等业务，筹措资金，经理债票、股票，借以振兴轮、路、电、邮四政事业。

在清末筹建银行挽回利权的思潮中，私人银行、地方银行开始增多。私人银行方面：1906 年，周廷弼创办信成商业储蓄银行；1906 年，尹寿人创办信义银行；1907 年，浙江铁路公司创设浙江兴业银行，总行初设于杭州，分行设于上海、汉口、天津、南京、北京、郑州等处，业务逐年发达，后为江浙财阀的重要金融机构；1907 年，虞洽卿等于上海创办四明商业储蓄银行。地方银行方面：1902 年，在天津建立直隶省银行；1906 年，在成都建立浚川源银行；1909 年，在杭州建立浙江银行；1911 年，在福州建立福建银行，在成都建立四川银行。此外，还有十几家地方官办银号。

跟农村有直接关系的则属清末建立的筹设农业银行。1908 年，李颂臣为调剂农业资金，发起创立了历史上第一家农业银行。该行模仿德国的银行，实行有限股份制，以放款于农工为宗旨，规定：以田地、园林、房屋或工业实产、股票、债票作抵押的放款，其借款额不得超过抵押产值的十分之七；房屋作抵押，须附保险契约，否则借款不得超过实值的十分之五；有股户五人以上连环担保，可不用抵押品，惟借期短，以五年为率，其借款总计不得超过银行资本十分之一；以产作抵，可以放出短期借款，但不可超过本行放款金额的五分之一；保管金银及其他一切重要物件；汇兑；储蓄；长年定期存款。但在具体业务上，它有很强的典当色彩，对新兴的工农业资本家有利，对贫苦的农民没有多少好处，反而成为了巧取豪夺的套利机构，所以成立得快，消失得也快。

清末中国新式银行的出现，根本目的是发行货币，补充财政收支不足，巩固清政府的统治。它是中国资本主义微弱发展的一种反映，在一定程度上也促进了产业和商业的发展。然而，它在资本、制度、用人、职能上都存在很多弊端，加之上层争权夺利，政局动荡，社会普遍缺乏信心，以及外国银行和国内传统金融机构的有意抵制甚至恶意竞争，其对社会经济影响微弱，尤其是对农业经济起到的作用极其有限。

2.2　北洋政府时期的农村金融

北洋政府时期的农村金融，受政局影响，在曲折中演进。传统金融机构在新旧交替下加速消亡，新式银行在曲折中发展，开始对农村金融起实际作用。

北洋政府时期，依托于清朝权贵的山西票号的势力已消失，作为地方封建势力的金融支柱的各省官银钱局也纷纷倒闭或改组。钱庄业在辛亥革命中也倒闭了不少。新式银行大体有三类：一是北洋官办中央级银行；二是地方官办银行；三是各地私募银行。

北洋政府官办银行代表有二：一是中国银行。中国银行是在大清银行的基础上改组而成的，北洋政府的中央银行，除了经营一般的存款、放款、汇兑业务外，还代理国库、经理募集公债、特准发行钞票、铸造银币等业务。二是交通银行，北洋政府的另一个金融支柱。该行于 1914 年修改章程，改定股本为 1000 万两，除了继续经营轮、路、邮、电四系统存款为专有的特权外，还获得了代理金库、经付公债本息、代收税款等权利。地方官办银行是中央银行所设分行及军阀割据混战的混合产物。北洋政府时期南北军阀割据一方，筹建或控制各地的银行，但资本少、实力弱，又常被挪用，社会信任度差。影响较大的是各地私人银行，如虞洽卿筹办的四明商业储蓄银行。

值得重视的是，在北洋政府时期，正式的农业银行开始出现和运营。1915 年，北洋政府拟订成立农工银行条例 46 条，并公布施行。该条例规定：农工银行以股份公司的形式成立，以通融资财、振兴农工为宗旨。其组织办法模仿德国农业银行的规模，总行设在北京，以县境为营业区域，并在县内以一行为限。条例还规定，农工银行的放款，五年以内分期摊还，以不动产作抵押；三年以内定期归还，以不动产作抵押；一年以内定期或分期归还，以不易变坏的农产品或渔业权和有价证券作抵押等。放款用途限于垦荒、耕作、水利、林业，购买种子、肥料及各项农业原料，农工业运输、囤积，购办或修理农工业器械，购办牲畜、修造牧场等。同时还规定，不动产一经登录或保价不得作抵押品，并以第一次抵押为限。每次放款额不得逾抵押品估值的三分之二。

1915—1921 年，我国以县为单位的农业金融机关开始建立起来，是历史的进步。其中代表有四。第一是通县农工银行，1915 年成立，直属于财政部，为北洋政府时期最早的地方农业金融机关。该行原定资本 20 万元，实收 10 万元。该行最初虽有官股，但最终改为商办。其放款业务有定期抵押放款和分期抵押放款两种。抵押品则以田地债据居多，用于肥料、牲畜、农具、种子、雇工、种棉、农屋、渔业、垦荒、水利、林业等。据统计，到 20 世纪 30 年代，该行放款近 100 万元。第二是江丰农工银行，1922 年成立于江苏吴江震泽镇。资本总额定为 20 万元。经营业务分存款、放款、储蓄及买卖证券、汇兑等。它有三种形式放款：①农业放款，以生丝与米作抵押的农产抵押；②金银饰物作抵押品的动产抵押放款，获利明显；③以房地田业作抵押的不动产抵押放款，是农工贷款的主要项目。信用贷款到 1927 年共达 50 万元。第三是浙江嵊县农工银行，1923 年正式成立。其业务除一般储蓄、存款、汇兑及保险外，主要经营桑蚕抵押放款，并设有堆栈。第四是农商银行，1921 年创立，实质是以军阀为后台打着农业金融的幌子筹办的商业银行，与一般商业银行业务相同。

为筹设和管理各地农工银行，北洋政府于 1918 年设立全国农工银行筹备处，1921 年改组为全国农工银行事务局，专门行使管理职能。不过就实际来讲，虽然很多银行名义上都挂着救济农村、发展农业的响亮招牌，实质上都是为官僚资本服务，为农村地主、富农、商业投机者以及经营农产运销、农产加工的城市工商业资本家服务。这些新式农业金融机构在一定程度上有利于农业经济的发展，但也助长了农村高利贷和商业投机的行为。由于贷款量少，杯水车薪，远远不能满足农村广大贫苦农民的迫切要求。

对农民来讲，比较实用的是新出现的农村信用合作社。最早的农村信用合作社起源于 1923 年河北香河的赈灾机构。其领导者是中国华洋义赈救灾总会。1920 年西北、华北大旱，300 余县受灾，灾民近 2000 万人，饿殍遍野，粗略统计有 50 万人左右。中外赈灾团体纷纷成立，开展赈济工作，至 1922 年共筹款二三百万元，通过组织合作社的形式，用于农田水利建设，恢复和改善农民生活。1923 年，我国最早的农村信用合作社在河北香河正式成立，将资金给信用合作社使用，推动农业放款和经济发展。此后各地农村信用合作社陆续出现。1924 年，涞水、定县相继成立农村信用合作社。到 1927 年底，全国有近 600 家农村信用合作社，以河北为主，办得相当好。

由于农业经济落后，加之外国银行、钱庄票号、当铺以及军阀等势力的有意挤压、干预，农村信用合作社发展缓慢。如东北军阀张作霖最开始就反对发展农村信用合作社，后经中外人士多次请愿交涉，才勉强保留下来。但受军阀混战的不良影响，加上币制紊乱、外国银行继续扩张，以及畸形发展的钱庄的存在，少得可怜的农村信用合作社很难对广大农民提供多少实质性帮助。

欧洲银行受第一次世界大战影响，暂时减轻了对华金融侵略，但日美趁虚而入，尤其是日本，在第一次世界大战后强迫中国大借款，企图在经济上全盘灭亡中国。第一次世界大战后，英、法等国卷土重来，为协调日、美等国对华金融侵略，牟取暴利，多采取银行团的形式，对华大量政治借款，直接操控侵夺中国财政税收，插手北洋政府政治、军事、文化等诸多要务，甚至滥发纸币，扰乱中国金融。它们从中国吸收了大量的资金，加强了对中国人民的掠夺，使无数商民倾家荡产。

与此同时，钱庄的复苏和畸形发展值得注意。第一次世界大战前后，民族资本主义短暂繁荣，有利于深谙传统社会经济文化的钱庄之复苏和发展。钱庄在社会上为工商业所推崇，也为商界吸收资金。此外，钱庄注重信用，抵押品可以通融，加之中国商人视抵押借款有碍体面，故均愿意与钱庄往来。在放款数目和业务上，钱庄手续简单，放款数额不限。银行由于刚出现不久，发行的钞票及期票难以在短期内获得大众信任。在信息上，钱庄及时调查了解市场情况，更能鉴别洋钱之真假，较受大众青睐。当时金融界的章乃器就曾说："我们银行界对于社会经济的贡献，实在远不如钱庄。钱庄倘使全体停了业，的确可使上海的商界完全瘫痪。而银行全体停了业恐怕倒没有多大影响。"不过毕竟处于外国势力和封建军阀的夹缝中，缺乏稳定健康的经济环境及制度规划，因此到30年代钱庄很快再次衰落下去。

与此同时，北洋政府时期民不聊生，广大农民为了生存付出的代价相当大。为了尽可能榨取利益，高利贷横行一时，十分猖獗。农村高利贷的新旧形式五花八门，如"驴打滚""牛犊账""连根倒""孤老钱""九出十三归"等旧式高利贷，层出不穷。而实物抵押（如山东借青麦时借一还四的高利贷）、商店商品高利贷也十分普遍，所拟定的利息非常苛刻，丝毫不亚于高利贷盛行的古代，加重了农民的负担，激化了农村的社会矛盾，加剧了社会动荡。

2.3 全面抗日战争前后农村金融的曲折演变

从北伐战争和中原大战，到国民党1949年败退台湾，中国农村金融经历了一个相当曲折的演变过程。其大体经历了全面抗日战争前、全面抗日战争时期、抗日战争胜利后三个阶段。整体来讲，全面抗日战争前，传统金融机构在农村已逐渐衰落，新式农业金融机构有了一定发展。全面抗日战争爆发后，国民党垄断国统区金融，使新式农业金融仍有发展，但被国民党官僚资本及大地主高度控制。就实际效果来讲，国民党操办的新式农业金融机构影响微弱，广大农村的高利贷十分猖獗。抗日战争胜利后，国民党滥发纸币，疯狂敛财，导致国统区的农村经济全面崩溃，其下的农村金融也随之崩溃消失了。

2.3.1 全面抗日战争前的农村金融

全面抗日战争前的农村金融具有一定的进步，主要体现在农业金融机构数量的增加和质量的提升。1927—1937年，共建立银行187家，其中以江浙地区为主。当时江浙地区的银行数占全国银行数的一半以上，是经济实力和影响最大的地区。除了数量的显著增加和地区的集群效应外，当时也开始出现中央银行和大银行，试图增强对农村金融的统御能力。

一是1924年建立的中央银行。该行由孙中山在广州创设，最初的目的是服务北伐及革命工农群众。1927 年，国民党经过宁汉对立和宁汉合流后迁都南京，成立国民政府，在上海另起炉灶建立了新的中央银行。1928 年，国民党公布《中央银行章程》，规定上海的中央银行为"国家银行"，拥有铸造及发行货币权、经营国库及募集或经营国内外债等特权。由于政治扶持、江浙财阀及四大家族的支持，中央银行发展很快，到 1935 年就有近 1 亿元的资本，是当时中国最大的银行，对国统区经济影响比较大。不过中央银行的用人及运行受到官僚资本的深度影响，裙带关系明显，受到"蒋宋孔陈"四大权贵家族的直接干预。蒋介石的小舅子宋子文出任中央银行第一任总裁，第二任是蒋介石的连襟孔祥熙，均是蒋介石的姻亲，凸显蒋氏政权对金融的垄断图谋，颇为时人诟病。宋、孔在任期间，中央银行不断扩张垄断势力，增大纸币发行量，大量搜刮人民的财富。

二是为了进一步垄断中国金融，操控城乡经济，国民党开始插手和干预江浙财阀的金融大本营——中国银行和交通银行。国民党采取的办法主要是将其迁到上海和加入官股，增强官僚资本对两大银行的就近政治控制和经济操控。1927 年，国民党命令中国银行总行从北京迁到上海，以便就近管理控制，然后强行加入 500 万元的官股。1928 年如法炮制，又将交通银行由北京迁往上海，强行加入官股 200 万元。此后不断加股，使国民党官僚资本超过两行股份的一半，最终实现了对两行的控股。后来为了吸收和垄断邮政汇兑资金，国民党于 1930 年整合旧的邮政局，在上海成立了邮政储金汇业局，开办活期储蓄、定期储蓄、邮政汇票、电报汇款、抵押放款、贴现放款、购买公债或库券、保险等业务。

三是为了吸收农村资金，加强对农村的控制，国民党开始整合和改革北洋政府时期的农村金融机构。1933 年，国民党借推进国计民生之名义，成立了全国性的农村金融机构——中国农民银行，使中国农村金融事业进入一个新的历史阶段。中国农民银行是一个国有性的综合农业金融机构，放款对象范围广泛，包括整个农业生产领域和农产品流通领域，同时涉及一切有关农业生产、农产品运销的运输业、仓库业、保险业、农林畜产加工业、农业机械制造业以及各项农业基本建设等方面。因此，中国农民银行扩张得比较快，到全面抗日战争前经营范围已从 4 省扩展到 12 省，分支机构近 90 个，资本近 1000 万元。后来国民党又赋予中国农民银行三项特权：一是兑换发行权；二是农业债券发行权；三是土地债券发行权。中国农民银行的分支机构至全面抗日战争前已达 87 处。对农民比较实际的是救灾贷款。1936 年河南、湖北和安徽遭受灾害，农民损失惨重，中国农民银行向灾区发放 50 万元赈灾款。1938 年又向陕北发放 30 万元救灾贷款。这些贷款由中国农民银行放款到相关地区的农村信用合作社，然后由其代理分发给地方农民。但就具体的发放情况来看，效果普遍不佳。负责主持和发放的人员，主要是地主和富农，因此效果大打折扣。加之腐败官僚的贪污受贿，救灾贷款最终被官僚、地主和富农瓜分殆尽，真正发放到急需救助的农民手中的微乎其微。后来天灾人祸不断，就连这点少得可怜的农业救灾贷款都没有了，主要是被挪用到蒋介石的巨额军费上了。

农村贫弱，终究不利于国民党榨取资金、巩固政权。国民党后来又采取了弥补措施。一是 1936 年成立农本局。它仿照美国联邦农业金融局，总揽全国农村金融事业，是一个半官半商的机构。资本为每年约 600 万元，主要经营农业仓库，接受政府委托，代理买卖农产品和农产品运销业务，发行贷款及债券。不过该机构并未取得多少成效，其中一个重要的原因在于农本局的业务职能与中国农民银行存在很多重复，所以经常被财大气粗的中国农民银行排挤，最终被中国农民银行吞并及消灭。

一些商业银行也发放过一段时间的农业贷款。1934 年，由一些商业银行和农民银行共同组成了"中华农业合作贷款银行团"，联营农贷事业。这个机构放农贷的主要目的，不是为了帮助农民脱贫，而是巧立名目，借农业贷款的名头收购和买卖农业经济作物，进而赚取利润。因此，该农业金融机构在选择服务人群和地区上有很大局限性。它主要落户经济作物发达的富庶地区，如陕西泾阳、临潼、西安的棉花区，河南大康、洛阳的棉花区，安徽铜山、信县、凤阳的烟草棉花区，广东黄埔、市桥、罗沙的甘蔗区，等等。这些举动曾引起一些改良主义者的幻想，以为有巨额资金流入农村，农业生产便会迅速发展，使干枯的中国农村再次繁荣。不过这种想法很快就沦为形式主义，主要是因为商业银行经营农贷就是为了赚钱，既不愿掏钱兴办农村其他重要基础事业，也不愿意贷款给贫苦无抵押的农民，只贷款给有偿还能力的地主、富农，利息其实一点不比一般的地租率低，所以很多中下贫农望而却步。

也有一些省份筹建地区农村金融机构。如江苏省1928年成立江苏农民银行，主要经营农本放款、农产品贮押放款、农产品运销放款、青苗放款等，希望推动桑蚕、茧、稻、麦、棉花、杂粮等农业经济的发展。浙江省1931年成立农民借贷所，推行小额借款，但要求必须有实物抵押，且手续十分烦琐，被报纸讥讽为"变相典当"。1935年，江浙地区又建设农业仓库，推行农仓证券、库票贷款、信托代卖、金融储蓄等农业经营方式，短时间内低价囤积了大量的米、稻、豆、杂粮、豆饼、面粉、蚕丝、棉花、布匹、羊皮、农具、耕牛等产品。不过此举不是为了救灾或者助农，而是为了牟取利润，为游资寻找出路和垄断农村金融，所以大多数贫困的省份和农村很少成立农业仓库。

全面抗日战争前，农村信用合作社的发展较为曲折。1927年以后，国民政府为了从农村抽税招兵及巩固政权，在各省大建农村信用合作社。到1934年6月，全国合作社数目增至近10 000个，社员近38万人，位居世界前列。数量虽多，但农村信用合作社在贫弱的农村资金少，对农村的实际贷款微乎其微。农村信用合作社的资金主要来自华洋义赈会、中国农民银行及一般商业银行放款，本身就不稳定。一旦这些金融机构停止放款，合作社就近乎停摆甚至消亡。广大贫苦的农民既难入信用合作社之门，也无法享受合作社借款之利。

总体来看，全面抗日战争前国民政府筹建"四行二局"，主要目的是控制全国的金融，形成国民政府的金融垄断体系，对农村金融的实际帮扶作用非常小。当时在广大农村，新农业金融机构牌子一个接一个地挂，但基本上是徒有其表，形式而已，背后却是传统农村金融的衰落和高利贷的空前猖獗。农村旧有的高利贷剥削形式是多种多样的，除了单纯的货币借贷和实物借贷外，高利贷又往往与地租、商业资本或变相的劳役地租相结合。其种类如下：

一是货币借贷。如陕西关中的"连根倒""牛犊帐""驴打滚"，湖南桃源的"孤老钱"，广东惠阳、河源等地的"九出十三归"（借洋一元，实得九角，而一个月后本利共还一元三角），河北临城的"六顶十""七顶十"，等等。高利贷者利用农民的急需，敲骨吸髓，等到期无力偿还而提出种种苛刻的条件，逼迫农民拿赖以活命的土地、耕牛、粮食等来偿还，甚至令其卖儿鬻女或自卖为奴，进一步导致了农村的动荡。

二是实物借贷。一般青黄不接时，农民为了活命或者耕种，不得不任人宰割。如山东鱼台的借"青麦"，在青麦未黄时借粮，借一还四；广东北江的"笋克笋"，春荒三、四月借入，六月收成时偿还，一般借一笋还两笋，重的有借一笋还五六笋的。

三是商店赊卖。辽宁熊岳农村商店每年赊出商品，到端午不能还钱就加利三分，到中秋不还再加三分，拖至年底再加三分。浙江嘉善县米行对于谷种与肥料的赊放，一般在春间播种时开赊，秋收后米价最贱时按原赊价加月利 2% 收米，到冬至节不还，由米行雇船下乡摧索，须另加利息。农民为了归还欠款，往往不得不贱价卖出农产品，而商店从中获得暴利。

四是预卖抵押。如浙江长兴的"卖夏米"，只按夏米期间市价的一半估值；浙江平湖的"卖寒叶"，年底低价预卖明春的桑叶，平时每担可卖 3.5～4 元，而"寒叶"定价只有 2 元。

五是预卖劳动力及人身抵押。这是地主阶级榨取农民劳力、蹂躏人权的最残酷的方式。在广西西部农村，农民借洋一元，每月替债主无偿做工一天以代利息，借洋满 30 元就要替地主全年服役。广东茂名乡间，10 岁的女孩可押 40 元。罗定的农民为了借钱将妻女抵押给地主，如在抵押期间怀孕，所生儿女归债主所有，偿债时只能赎回原来抵押的妻女；如过期无力赎取，妻女便被债主没收。

地主阶级兼营商业投机及高利贷，成为近代农村的普遍现象。尤其是在帝国主义入侵之后农产品商品化不断发展的情况下，地租、高利贷、商业资本相互结合，形成农村剥削关系的紧密网络，既互相促进也互相转化。当商业投机利润大于高利贷时，高利贷资本随时转化为商业资本；当高利贷利润大于商业投机时，商业资本又随时转化为高利贷资本，于是产生了农村封建剥削的恶性循环。

此外，农村手工业经营也带有一定的高利贷剥削性质。农村的糖房、糟坊、碾坊、磨坊、油房等基本上是地主经济的附庸。地主通过这些手工作坊向农民放高利贷，并通过高利贷取得大量廉价的农产加工原料，从而获得高额利润。四川沱江流域的糖房以预买青山的方式直接向蔗农放高利贷，并压低青蔗收购价格；而漏棚（精制蔗糖的加工业）又是糖房的金融供给者，也出自高利贷。蔗农则在苛重的地租和高利贷双重压迫之下痛苦地生活。

帝国主义国家在中国的商业机构和工厂也在中国农村直接进行高利贷活动。如德商爱立司洋行赊销化肥、英商端记洋行预购农畜产品，都是通过高利贷的形式。英美烟公司的买办在正月豆饼跌价时，从东北买进豆饼；六、七月豆饼涨价时，以月利四五分的高利贷给烟农，秋后收还；秋间烤烟时又向山东益都的烟农放煤账，也是实物贷放，利率很高。安徽凤阳的乡绅假借政府力量，冒用农民名义组织所谓的"烟农协会"，专替英美烟公司放债。还有法国、比利时的天主教神父也在中国农村像封建地主一样直接向农民放高利贷。

2.3.2 全面抗日战争期间的农村金融

1937 年"七七事变"后，全面抗日战争爆发，相应地，中国金融开始进入战时阶段。基于抗日救国及国民党早先确定的金融集权计划，国民党积极利用战备理由，进一步加强对农村金融的垄断，将其纳入战时经济，以便抗日及独裁。全面抗日战争爆发后，国民政府制定实施非常时期安全金融办法，建立和强化其战时金融垄断体制。

1937 年 8 月，国民政府组织中国银行、中央银行、交通银行、中国农民银行四大银行，组建"四行联合办事处"，后改名"四行联合办事总处"，迁入重庆后简称"四联总处"，作为国民政府战时中央重要金融机构。四联总处最初作为四大银行的中间联络组织，随着时局的演变，其职权逐渐增大，具有战时金融指导及协调作用。四联总处表面由国民政府进行人事管理，实际由四大家族控制，负责办理政府战时财政金融政策有关各特种业务，并可为适宜措施，代行财政部部分职权。从此四联总处从联系机构变成四行之上的决策机关，直接掌管全国金融网的设计、分布，人员的培训、考核，各行对法币发行的调度，农贷投资审核和管理事宜等。国民政府利用四联总处把政权同金融垄断结合起来，并以政权的力量，加速和加强对金融的垄断。

进入战时金融体制后，国民政府具体调整了四大银行的职权。中央银行主营货币发行及统筹外汇、国库、各银行之存款准备金、各种票据集中交换；中国银行主营国外款项收付、国际贸易及进出口外汇、侨汇、储蓄、信托；交通银行主营工矿交通及生产事业之贷款与投资、国内工商之汇款、储蓄、信托、承受公司债及公司股票、仓库及运输业务；中国农民银行主营农业储蓄存款、生产贷款与投资、土地金融业务、合作事业贷款、农业仓库、信托、保险。

全面抗日战争初期，受民族资本主义西撤大后方、国民政府支持及金融界抗日热情的影响，战时银行业有了一定的发展，不过战时性和局限性较为明显。由于战时西迁的特殊背景，战时后方新建的银行集中于西南，且以四川为活动中心。受四大家族和外资的直接影响，国民政府直接控制的四大银行在国内银行业中占统治地位。相比于战前，四大家族官僚资本在金融领域中的垄断性甚至独占性进一步凸显。四大银行对全面抗日战争时期大后方的金融的控制高达90%。国民政府战时银行以外汇和黄金的投机为主要业务，国民党的金融信用严重依赖英美。战时银行业的势力在农村有所发展，但仍保持着浓厚的封建性。银行对农村基本不重视，仍然通过各种方式直接经营商业，意图快速牟利，而不是转为产业资本，对农业生产实际上鲜有直接的促进作用。

但受全面抗日战争影响，国民政府为了笼络人心、补充兵源及物资，以及巩固政权，还是稍微做了一些农村信贷工作。整体来看，战前银行在农业方面的贷款比重很小，主要还是面向地主、富农等有抵押能力的对象，然后再由他们高利率转贷给广大农民，变相成了农村高利贷。国民政府颁布了战时农业贷款的政策，要求各金融机关在各省办理之农贷应照历年贷出金额，继续放宽放款数额限制和农业贷款对象范围。贷款对象包括合作社、互助社、借款协会、供销代营组织、农民个人及各种农业改进机关。贷款种类增至农业生产贷款、农田水利贷款、农业推广贷款、农产品运销贷款、农村副业贷款、土地贷款等。在这种情况下，中国农民银行的职权进一步扩大，对一切农业生产及农业流通领域具有垄断性。1941年，国民政府行政院命令中国农民银行接管农本局的农贷业务，然后在1942年令中国银行和中国农民银行接办了中央、交通等行的农村金融业务，共接管农贷本息2.9亿元、农贷区域299市县、贷款机构112处（所）、农贷人员772人，成为战时大后方的中央农业金融机构。

农贷有一定的效果。根据国民政府的统计，1939年至1940年2月，全国农贷总额为1.51亿元，以中国农民银行为主，各省地方银行及农民银行、合作金库为辅。其放贷的对象以合作社为第一，第二是合作金库，第三是农业仓库，第四是农场等。在地域上，以四川、陕西、云南、贵州、西康、甘肃为主，其次为湖南、湖北、广西、江苏、安徽、江西、河北、山东、广东、绥远、河南、福建、山西、浙江等14省。随着贷款种类及贷款区域的扩大，农贷数额也不断增加，至抗日战争胜利时高达54亿。不过这些统计数字带有很大水分。它虽美其名曰"救济农村"，实际很多等于隐形高利贷，加重了对农民的剥削。得到贷款好处的不是农村中真正需要资金的贫苦农民，而是地主、富农、土豪劣绅及农村保甲长之流。

国民政府的农村金融机构贷给地主富农的利率略低于一般农村高利贷。广大贫苦农民或由于无米度日，或由于天灾人祸，或因交租偿债、交付捐税，想借到少得可怜的一点"农贷"时，除了要向有钱有势的地主、富农、土豪劣绅等送钱、送礼请求作保外，还得以自己的田地、耕牛或农具、衣物作抵押。一般来说，所借之款仅相当于抵押品总价的五六成，而利息率却比地主富农贷款高。如果贷款再被地主富农作为高利贷放给贫苦农民，利率就更高了。贫苦农民一旦承受了"农贷"，便掉进了高利贷的陷阱，弄得走投无路，甚至家破人亡。在这种情况下，田里的生产必然会日渐荒废，加之国民政府的苛捐杂税和地主的沉重剥削，农民越来越无法生活，以致离乡背井、外出逃荒，从而加速了农业生产的急剧衰退。

农村合作金库规划于战前，而真正的发展则始于全面抗日战争爆发之后。1936年11月，四川省数县成立合作金库；1937年4月，江西省成立合作金库；1939年11月，浙江省成立合作金库。之后全国已有川、赣、浙、闽、桂、滇、甘、重庆等八省市成立了省级合作金库，其下有为数众多的县级合作金库。据统计，1937 年 13 库，1338 年 125 库，1939 年 220库，1940 年 356 库，1941 年 413 库，1942 年 454 库，1943 年 465 库，1944 年 466 库。抗日战争胜利以后，合作金库迅速萎缩消亡，因为合作金库自身问题众多：机构不健全，孤立无援，经营渠道单一，尤其是资金缺乏。合作金库的资金主要来自中外银行拨款。太平洋战争爆发后，农贷政策由扩大改为紧缩，合作金库骤然失去银行的支持，资金来源断绝，合作金库业务不能继续开展，而且开支浩大、入不敷出，银行辅助的合作金库十之有九亏折，因此不愿继续辅设，加以中央合作金库迟迟不能成立，各银行采取观望态度，遂使合作金库由停滞走向衰落。

1937 年 11 月，国民政府撤离南京，合作司随政府实业部迁往重庆，实业部改称经济部，合作司并入农本局为合作指导室。1939 年 3 月，蒋介石指示经济部增设合作事业管理局，并将农本局的合作指导室并入该局，领导合作事业。全面抗日战争爆发后的合作社工作主要在大后方进行，参加人主要是地主、富农，信用合作社的业务也操纵在他们手中。在 1941—1942 年，国民政府行政院颁布一个所谓"新县制"，硬性规定农村合作社一定要依乡镇保甲来划分，每乡镇每保一定要分别设立一个合作社。这样将合作社融于"新县制"内，使保保有合作社、户户有社员，把自由组社变成了强制入社。1946 年 1 月又成立了中央合作金库，至此形成了国民政府的"四行二局一库"的金融体系。据国民政府官方统计，1948 年 4 月底有 16.2 万个社，社员 2295 万人，平均每社贷款 2001 万元，每个社员平均贷款 1.4 万元，实际上水分太多，有名无实。农民借款大部分还是来自地主、富农和商人那里。因为信用合作社只向社员借款，非社员是借不到的。按规定，社员借款要有两名社员作保，或交抵押品。据张镜予统计，社员贷款 11~20 元的占 56%，借期半年至一年的占 76%，一年以上者只占 3%。表面上中国农民银行、中国银行、各省银行、农本局、合作金库以及其他放款机构对国内各合作社放款金额很高，甚至可以计算出平均每社得款 1165 元，每个社员平均分得 21.47 元，但在通货膨胀的情况下，即便能借到钱，也是杯水车薪。由于信用合作社借款一般都要索取抵押品，而没有余谷或房屋田产的贫雇农自然借不到钱，就算侥幸借到也少得可怜，甚至还得求乡、保长作保，受其支配和操纵。这样借款者自然落到有抵押品的地主、富农和有权有势的乡、保长手中。从实际调查来看，真正从信用合作社借到钱的正是这些地主、富农和乡保长。据江苏农民银行统计，有74%的借款在50元以下的人只借得33%的贷款，而18%的借款在50～200元的人却借得56%的贷款。他们所借的钱又多变成高利贷转借给农民，从中渔利，非但无益于农民，反而造成剥削农民之新式工具。一旦农民借不到钱，合作社就失去了农民的信任和支持，信用合作社也就不复存在了。

若从银行的角度来看，贷款要考虑利息率和佣金的多少，如果亏本，银行是不会经营的。20世纪30年代，合作事业曾兴盛一时。不可否认，全面抗日战争爆发前农村信用合作社之所以能被一些农民接受，是因为客观上对农民来说还是有些利益的。尽管农民摆脱不了地租、赋税和高利贷的剥削，只要参加了合作社，就可以在春耕、农忙时节借到一点现金以解燃眉之急，总比借贷无门或乞求苛刻的高利贷稍好一些。尤其是像河北省，1927年一省就有500多个信用合作社，调剂农民资金，对该省的农业生产也是不无作用的。但到了国民政府直接控制合作社时期，合作社变成了国民政府的统治工具和垄断农村金融的机构，这样合作社就失去了其应有的意义。

整体来看，旧中国的农业金融体制问题很多。一是不考虑具体国情，单纯效仿欧美日等资本主义国家。如清末民初效仿日本建立"殖业银行"和"劝业银行"，后又学习德国建立"农工银行"；1936年又效仿美国农业管理局的组织办法建立"农本局"，使农业金融机关与农业信用合作社相联系，成为兼有农业金融行政与金融事业的中央机构。这种效仿始终没有从中国的实际出发，因而也解决不了中国农村缺乏资金的实际问题。二是农业金融机构庞杂，互不相属。中央与省、县属银行机构在业务和经费上都无共同目标和共守原则，大多数银行内部机构庞杂，组织不健全。三是建设农业金融的目的是追求利润。尽管各种农业银行都曾打着"救济农村""复兴农村"的旗号，向农村投放一些资金，其真实目的是牟取利润。

20 世纪 30 年代以前，各农业银行认为农村经济萧条，向农村贷款有风险，便把大量资金集中于通都大邑，从事工商业放款。但当世界经济危机之后，城市游资过剩，没有出路，银行又搞资金下乡，和地主、豪绅勾结起来办合作社，经营高利贷，向农业经济作物区投放贷款以牟取厚利。全面抗日战争爆发后，他们唯恐亏损，又紧缩资金。它实际上是一个剥削者，尽管客观上也有些增加农业资金、促进生产的效果，然而实质上是要从农民身上搜刮利润。四是农业银行数量少，资金薄弱。农业银行与其他银行相比较，数量少，资金也薄弱，农贷少得可怜。五是农业贷款主要是贷给地主、富农和中农，广大贫农无法取得农贷的接济，在贷款数额上也根本解决不了农民的需要。

与此同时，四大家族控制的官僚资本垄断了农村金融事业。他们用从全国人民那里剥削得来的资金，再深入到农村直接地或间接地向农民进行再剥削和掠夺，且假公济私，利用投资于官僚资本体系的农业生产、农产品运销、加工等企业，进行操纵控制、投机倒把，从中获取超额利润。官僚资本除具有它本来的封建性以外，还具有为国际帝国主义服务的买办性。官僚资本从清末到北洋政府时期，最后发展成为蒋宋孔陈四大家族。它的封建性一脉相承、不断加深，买办性也逐步加强，成为半殖民地半封建生产关系的一个重要标志。官僚资本除了占有大量土地、拥有巨额资本的新式工商业和农业企业外，又占领了新式银行金融的阵地，运用金融资本的力量来进行大规模的商业垄断和独揽国际进出口贸易，并投资于一切有利于搜刮掠夺财富的运输、仓库、保险、信托业务。官僚资本的金融势力深入到国民经济的每一个部门，官僚资本的农业金融活动渗透在整个农业生产和农产品流通领域。官僚资本的新式农业金融机构冒用"农民"的名义，把他们的农贷说成是"使农民得到普遍的协助，生产增加、生活安定，能繁荣农村经济、安定农村秩序……"，其实是借助政治特权的保护，盗取国库，假公济私，对农民进行残酷的剥削和掠夺。因此，官僚资本的农村融事业非但不能使农民摆脱日益严重的经济危机，反而是造成农村经济危机、农民破产的一个原因。四大家族、官僚资本垄断农业金融的历史证明，在半殖民地半封建的生产关系下，新式农业金融业的兴起，只不过是给帝国主义、官僚资本和农村封建势力增加了一股剥削中国农民的新力量。所谓新式农业金融非但不能代替旧中国农村原有的高利贷剥削，反而巩固了农村封建剥削关系。在农贷的数量方面，即使把农贷额再扩大几十倍，也依然远远不能满足几亿贫苦农民对农业资金的需求。历史经验充分证明，只有推翻了封建买办阶级的统治，打倒官僚资本，赶走帝国主义，彻底摧毁数千年来的封建土地制度和一切剥削关系，结束一个世纪以来的半殖民地半封建生产关系，中国农民在工人阶级及其政党的领导下获得解放并建立自己的新式农业金融系统，才能在新的生产关系下发挥农村金融事业对恢复和发展农村经济的巨大作用。

全面抗日战争时期，随着国统区经济的不断崩溃，高利贷变得更为猖獗。高利贷利息以几何级数空前增高。由于物价腾贵和法币贬值，高利贷者一方面转而从事更有利的囤积居奇或贩运外货的生意，另一方面继续放债生息，在战争期间任意提高利率。如汉中一带，到1941年月利率已提高到30%～50%；河南勉县一位高利贷者，贷款给农民时的契约上不写明贷款数额，只写"所贷款额可购小麦若干斗，每月还利若干成"，以便随着麦价增加不断加息。再如1944年豫西竟有农民借款百元的利息达4元或5元。若以本金百元每日利息5元计，则年利率达1806%。实物借贷竟有2月中旬借小麦1斗5升，到5月收麦后先还小麦4斗5升，秋后再付1000元的情况。全面抗日战争爆发后，高利贷的贷款期限明显越来越短。据统计，1938—1946年放款期限所占的百分比大致如下：1938年1至3月借贷期的占9%，到1946年占41%，10至12个月借贷期的则由59%降至36%。由于国统区的恶性通货膨胀，实物借贷和放债人要求取保或索取抵押品的越来越多。如在陕南，农民向高利贷者借得百元法币，通常须指定二三倍以上的物品（牧畜、土地）作抵押品。高利贷以贷出法币、收回实物的办法牟取暴利。由于货币不断贬值，物价不断上涨，高利贷者趁农民贫困之机取得法币，立即折成粮食布匹贷出，在借期满后，除收取实物外，还要收取实物利息，借助法币贬值和物价飞涨牟取暴利，而贫苦农民随时有倾家荡产的可能。抗日战争胜利后，国统区农村高利贷资本的活动更是变本加厉。以南方各地为例：长沙春季，农民从高利贷手中借谷1石，秋季归还 4 石；邵阳春季，借谷 1 石作价 2.2 万元，8 月归还每 1 万元利息 2 石谷，另还本 2.2 万元；在广西，夏季借谷 1 石，秋收时还谷 5 石。由于通货膨胀，农村几乎完全以实物作为价值的估算标准或支付手段。实物借贷几乎取代了货币借贷，利率也高得更为惊人了。直到国民政府彻底垮台，新中国成立之后，这种延续了二千多年的高利贷剥削才同封建剥削制度一起被消灭。

高利贷是封建剥削的借贷关系，同资本主义的信用制度有本质区别。银行资本利息是由工业资本与商业资本所产生的利润中支付出来的一定量货币资本，所能产生的利润总额是利息的最高限度，无论在何种情况下，利息率最高不能超过利润率。但中国高利贷资本利息率不受这个限制，除了负债者所能忍受的能力或被迫组织起来以革命斗争进行反抗外，可以说是毫无限制的。高利贷不仅表现为利率高，而且表现在借款条件苛刻和债务人与债权人社会经济地位的悬殊。银行资本是资本家与资本家之间融通资金的媒介，借贷关系建立在平等的地位上。高利贷则是封建地主剥削农民和小手工业生产者的工具。这种关系是剥削者与被剥削者之间的关系。农村高利贷主不只通过高利贷榨取农民的土地收获实物和货币资金，有时还凭借着高利贷来兼并土地，甚至侵占人身劳役。高利贷没有任何法律依据，它的唯一保障，就是封建地主阶级和商业资本家在农村的封建特权。

此外，在全面抗日战争时期农村合会组织继续流行。其称呼名目繁多，具体来说，有金融会、钱会、银会、堆金会、攒钱会、老人会、福寿会、农禁会、堰坝会、巡夜会、路会、桥会、年会、半年会、季会、间月会、月会（月月红）、旬会、轮会、摇会、标会、三星会、五虎会、七星会、八贤会、九如会、十苏会、十一友会、十三贤会、十六君子会、十八学士会等，按照资金的多少区分的四十元会、五十元会、六十元会、八十元会、百元会、二百元会等，以及按邀集分的集会、邀会、请会、请邀会（山东）、积金会（山东、河北）、书会（陕西）、打会（安徽）、约会（湖北）、新安会（浙西）、纠会（浙江）、总会（江苏）、做会（广东）等各种名称。

农村合会是农民基于感情而联合的自愿互助的"自有金融组织"。其资金由会友负责、具有互助储蓄性质，利息不高，虽有标会办法，但利率仍低于当时通行的利率。会友间多重信用，少重财产。不过少重财产，并不代表不重视财产。农村合会需要一定的物质财产支撑。就成员的经济状况来看，多由中产及以上家庭组成，而一般贫苦农民有心无力，难以组成合会。随着农村金融经济的破产，农民普遍贫困化，难以组会，加之通货膨胀，即使有余蓄也不敢贸然组会，以免血本无归。于是合会也渐渐失去了它的功效，逐渐萎缩消亡。

2.3.3 抗日战争胜利后国统区的农村金融

日本投降后，国民党没有顺应民心放权搞活农村金融，反而维持战时形成的不正常金融体制，在接收敌伪资产的基础上，进一步加强了官僚资本对各大银行及农村金融的垄断。国民党的"四行二局"先后接收了汪伪政权的伪中国联合准备银行、伪中央储备银行、伪满中央银行及各分行、德华银行、横滨正金银行、劝业银行、三菱、三井、柱友等敌伪银行机构及其财产，查抄和垄断了至少60万两黄金、800万两白银。国民党以维持治安为名，让日伪银行继续营业。这些银行便趁机滥发纸币和伪币，数额高达上百亿万元，加紧对人民的压榨剥夺，扰乱国内金融。国民党没有及时制止，甚至变相兑换，加剧了民生金融的灾难。

国民党四大家族以接收的名义大肆吞并各类金融机构，迅速扩张，所控制的银行数量在国统区占三分之二以上，然后趁机设立中央合作金库，假托发展合作事业为名，吸收各类存款，办理各种存款储蓄、放款和投资，以及信托、仓储运输等业务，彻底形成了"四行二局一库"的官僚资本垄断金融体系。国民党官僚资本在国统区各类银行办理的存款、放款比重在1946—1948年连年攀升。它们主要投资官僚资本的工业、商业、交通运输业，以便垄断商品生产领域、流通领域。在农业上，中国农民银行的农贷也有所增加，贷款对象却是四大家族所控制的农业公司或团体，对贫苦农民毫无好处。再者，当时由于通货膨胀、物价变动剧烈，国民政府的农贷数额虽大，其实已没有多少价值。

特别值得注意的是，国统区农村金融因国民党滥发纸币受到不可估量的损坏，使得农村通货膨胀达到无法收拾的地步。全面抗日战争期间，大片土地沦陷，造成市场缩小、物资紧缺、关盐统税收入骤减，再加上国民政府消极抗日、积极反共，军费剧增，使财政出现巨大赤字。据粗略统计，1946 年国民政府财政赤字达 4 万亿；1947 年猛增 10 倍；1948 年上半年猛增 60 倍达 230 万亿，下半年更是骇人听闻，高达 2000 万亿。国民党为了弥补庞大的赤字，除了征税、借款之外，只能通过滥发纸币来弥补收支，但没想到滥发纸币导致物价飞涨，通货膨胀居高不下，而物价飞涨又造成财政赤字加大，结果三者形成恶性循环，最终到了无法收拾的地步。物价飞涨的速度甚至一度使国统区的商店老板来不及更换价目标签。这种恶性的通货膨胀和物价高涨使得农民遭到残酷的掠夺，全国人民的生活也无法保障。基本生活物资价格高得离奇。如 1947 年北京地区的大米每斤 7 600 元，小米每斤 4 000 元，高粱米每斤 3 800 元，猪肉每斤 17 000 元，牛肉每斤 11 000 元，羊肉每斤 18 000 元，棉花每斤 43 000 元；物价常常一天之内多次上涨，据报纸载，一号面粉每袋 33 万元，新泰面粉厂初言每袋 37 万元，到账房询问每袋 38 万元，再询问经理，经理说等会儿拟售 44 万元一袋；浙江一个农民辛辛苦苦养了一头猪，约以 700 斤稻谷的价钱卖出，钱在家放了三天就变得只能购 400 斤稻谷。农民出售产品所得货币如不及时处理就会变成废纸，法币已失去了货币的职能，人民不得不以物易物。市场上美钞、黄金流行。国民政府的财政金融实际上已经全面崩溃，失去了民心。国统区的广大人民反饥饿、反内战的呼声越来越高，积极配合中国共产党打败天怒人怨的国民党反动派。

为了抑制恶性的通货膨胀，败局已定的国民党继续饮鸩止渴。1948 年，国民党在军事上节节败退，物资大幅度减少，财政赤字窟窿越来越大，但继续铤而走险，大量发行大额纸币，面额最高达 500 万元，其实际价值还不如一张纸，连印钱的成本都不够。为搜抢金银及生活物资，1948 年国民党发行金圆券，限期收兑已发行之法币及东北流通券，尤其是强制收兑人民所有黄金、白银、银币及外国币券，否则予以制裁。但实际上，金圆券是一次新的大膨胀、大骗局及对全国人民的一次大掠夺。国民党发行 20 亿金圆券，实际上却是增大发行量，即由 12 亿金圆券增至 20 亿金圆券，或者说由 600 万亿法币增至 6000 万亿法币，通货膨胀了 9 倍，是一次罕见的通货大膨胀，也是国民政府对人民的一次大欺骗。国民党真正目的是打着这个幌子来骗取和吸收民间的金银外币，放到四大家族的金库里去。据粗略统计，到 1948 年 10 月底，全国被搜刮的黄金达 165 万两，白银为 900 余万两，银圆 2300 万元，美钞、港币各数千万元，合计共值约 2 亿美元。但恶性通货膨胀继续，金圆券无任何币值可言，发行几个月后就迅速崩溃，人民拒绝使用。国民党后来在败退过程中又玩起了银圆券的新把戏，宣布改用银本位，发行银圆券，但准备金不足，且败亡已定，人民根本不信任，出现了挤兑风潮，银圆券币值暴跌。银圆券成为最短命的纸币，与国民党政权一起在大陆彻底崩溃了。

3　新中国成立后农村金融的演进

早在革命战争时期，中国共产党就已经进行了卓有成效的农村金融建设，与国民党相比更广泛且深刻得多。1927 年，中央苏区彻底取消高利贷；1929 年，制定《抗债条例》，削减及废除群众的债务；1931 年，中央苏区则明确规定取消高利贷和废除一切封建性的债务剥削，取消了具有剥削性质的典当，严格监察旧资本银行，没收帝国主义银行，建设中央苏区工农银行、农村信用合作社及中华苏维埃国家银行，维护并扩大农民阶级的利益，赢得了广大农民的热烈拥护和支持。在全面抗日战争时期，中国共产党在广大农村建立根据地银行，如 1937 年的陕甘宁边区银行和 1938 年的晋察冀边区银行在经营存款、发放农贷、投资工商业、办理汇款等业务外，还受政府委托发行本币、代理金库、经理公债、买卖金银，开展对敌货币斗争，后来为了支援抗日和统一战线，发动"二五减息"和"分半计息"，筹建边区信用合作社，积累了丰富的农村金融和经济经验，为新中国成立后的农村金融建设提供了宝贵的经验。而新中国成立后的农村金融事业是在社会主义改造的历史大背景下运行的。

3.1　1949—1979 年农村金融改革

新中国成立伊始的客观实际和政策方向，需要广大农民的大力支持。全国经济重心在农村，而农村首要的问题在于土改。全国大多数农村尚未进行土改，存在大量的地主及其封建残余。农民没有获得土地，影响生产积极性和经济总量，更不利于整体稳定和后期的社会主义农业改造。1950年国家发布土地改革法令，明确废除封建土地制度，建立农民土地所有制，解放农村生产力，立即获得广大农民的热烈拥护，展开了轰轰烈烈的土改运动。

到 1953 年上半年，全国基本完成了土改任务，确立了明确的农民土地产权及边界。农民分得了土地及农业生产资料，生产热情高涨。不同层次的农民在土改过程中都得到了相应的保护，他们由衷地感激和支持新中国，大大提高了农业生产积极性，尤其在农业经济作物产量上有了很大的提升。

在这其中，就有农村信用合作社的特殊功劳。从革命战争时期到新中国成立初期，为了改善农民经济生活，争取农民的阶级支援，中国共产党高度重视农村金融工作，在反思历史的基础上，将中国农村金融工作推向一个新的历史高峰。1951 年，全国为社会主义经济改造作准备，中国人民银行召开了第一次全国农村金融工作部署会议，作出发展农村信用合作社的重大决策，一方面为了减轻甚至彻底解决农村高利贷负担问题，另一方面提供农村基层金融服务，方便人民生活。

全国各地随之开始组建农村信用合作社，发展速度十分迅猛。截至1956 年，建立农村信用合作社近 20 万个，覆盖了绝大多数乡村，使农村基层有了基本的金融服务。为了配合土改和农业生产，国家在全国范围内成立农村信用合作社，由农民自筹自办，有效协调并解决很多贫下中农在农业生产中的种子、肥料、饲料、农具等资金短缺问题，并及时发现农村隐藏的高利贷等不良金融现象带来的隐患，掀起了小农经济短期发展热潮。

不过相比于农村工业化及集体大生产的宏大经济发展方向，分散脆弱、工业设备缺乏的传统小农经济，不适合现代中国乃至世界经济的长远发展，需要从本质上进行改造，迈向社会主义农业集体经济，才能有更大的生产力。在这种情况下，社会主义农村所有制改革提上了日程。

早在 1951 年，国家就开始酝酿和出台有关农业社会主义改造的路线、方针和政策。1953 年，国家发布了《关于农业生产互助合作的决议》《关于发展农业合作社的决议》，掀起了全国农业合作化的高潮。到三大改造时期，全国绝大多数农户都分三步走，从农村互助组到农业初级合作社，最后到农村高级合作社，最终使社会主义农村生产资料所有制改革取得决定性胜利。

不过随后的政治运动使刚建立的农业合作社发展陷入低谷。1957—1977 年，我国农业农村改革经历了农业"大跃进"、人民公社、"农业学大寨"、"三年经济困难"时期、"文化大革命"，农业农村改革进程受阻，经济发展受到较大影响，影响了群众的基本生活，不少地区出现饿死人的情况。为了解决严峻的粮食问题，国家还进行了城乡户籍制度改革及构建农业统购统销制度，首次确立了"农业户口"和"非农业户口"，以缓解粮食供求矛盾。后来国家又出台粮棉收购计划政策，如《关于统购棉纱的决定》（1951 年 1 月）、《关于实行粮食计划收购和计划供应的命令》（1953 年 11 月）、《关于实行棉布计划收购和计划供应的命令》（1954 年 9 月）、《关于实行棉花计划收购的命令》（1954 年 9 月）等文件陆续出台，使得农产品统购统销制度体系基本建立，较好地保障了工业化和城镇化建设的需要。不过，由于受政治运动影响，我国正常的农业生产受到冲击，农民的生产积极性也受到一定的挫伤，客观上不利于农业生产发展。

在这种情况下，农民的经济产量和实际收入都受到了影响，长期挣扎在温饱线上，少有盈余，在"割资本主义的尾巴""越穷越光荣""大搞阶级斗争"等口号下，也较难获得相应的利息，否则容易遭到批斗，降低了农民直接向农村信用合作社储蓄支取资金的积极性，更削弱了农村信用合作社民办形式的物质和群众基础，使得农村信用合作社更多地转向官办。

在这种历史背景下，农村信用合作社起到了一定的作用，但随着"文化大革命"的爆发，农村信用合作社在收权或放权经营方面经历了多次变化。当时出于快步进入共产主义的美好设想，为了实现跨越式发展，放权给全国各地人民公社及生产队管理，实现真正自主经营。但由于当时农村物质文化的普遍贫困落后，以及不时地收权官办，加之持续不断的阶级斗争，农村信用合作社在具体的操办过程中常遭到贫下中农夺权，管理混乱，时常中断停摆。

3.2 改革开放后农村金融改革

1978 年，中国吹响了改革开放的号角，农村家庭联产承包责任制、乡镇企业的确立及推行，有力地激发了农民务农、经商和务工的积极性，推动了农村经济的有效发展，为农村金融事业奠定了经济基础。

家庭联产承包责任制的确立与推行，是改革初期第一个重大突破。为了解决温饱问题，安徽凤阳小岗村率先发起"大包干"，进行生产自救，得到了地方政府的支持。这一举动石破天惊，直接触及当时比较敏感的农村所有制问题，经逐级上报和媒体曝光，很快引起了中央政府的重视。中央政府在了解到农民生活的实际困难后，决定进行先期考察和讨论。经过上下广泛的讨论，1979 年，中央层面暂时对包产到户持保留意见，但允许在边远地区单门独户的地方实行，以免导致农村思想和经济大规模动荡。这一可贵的宽容政策，为后期的政策改革及全面实施打开了小口子。出于稳健的考虑，国家在农村改革上选择步步推进，即由小到大、由窄到广、由地方到全国的策略。

随着有关真理标准的讨论在全国范围内展开，全国人民开始解放思想。农民群众自发的改革探索和创造的成功经验，引起了中央的重视，并逐步得到了正式制度的认可，以增量改革的方式，极大地挣脱了原有制度的桎梏。1980 年，国家进一步探讨农业生产责任制的诸多问题，适时提出了建立多种形式的生产责任制。这对当时的小岗村试验是一种积极的肯定，使得包产到户在小范围内得到允许。1982 年，国家正式肯定了家庭联产承包责任制的积极意义，决定推广实施。全国开始大规模推行家庭联产承包责任制，开始取代人民公社体制。为了减少体制障碍，国家开始分阶段撤销"一大二公"的人民公社，并进一步把联产承包的经验制度化、政策化，切实推广实施。1982 年，中央著名的"一号文件"正式肯定了家庭联产承包责任制。到 1983 年，家庭联产承包责任制在全国大部分地区得到落实，基本实现了以家庭承包经营为基础、统分结合的双层经营体制，为解放农村生产力提供了强有力的政治支持。紧接着，国家和社会又开始探索家庭联产承包责任制的承包期问题，太短不利于经济发展和稳定，太长又容易变更土地所有权，沦为土地私有制，造成严重后果。1984 年，国家着手解决这个问题，经过慎重商讨，决定放宽土地承包权，在原基础上承包期延长 15 年，后来进一步发展为耕地承包期最长 30 年、草地承包期30～50 年、林地承包期最长 70 年。

随着土地产出持续增长，农民手里有了更多的余粮、经济作物及畜牧资源，为农贸市场的开拓和繁荣提供了极大的物质支持，更为当时农村信用合作社的恢复和改革提供了条件。如何增加农民的货币收入，进一步提升农民的发展需求，解决看病难、上学难及日益增加的生活需求等问题，如购买电视机、电冰箱等现代化家用电器，改善"三农"处境，成为下阶段的任务。

想要增加农民货币收入，使钱袋子鼓起来，就需要商业市场的参与，解决农民卖粮难、买机器难、货币不畅等问题。因此，改革的重点逐渐由生产领域转向流通领域。恢复和壮大农村市场，就要取消或者改革之前的农村统购统销政策。1985 年，国家发布了活跃农村经济的十条意见政策，正式取消长期存在诸多问题的统购统销制度，代之以合同定购和市场收购。国家改革农产品购销的计划经济体制，建设农产品市场经济体制；调整农业产业结构，鼓励发展多种经营形式，促进农林牧渔全面发展；鼓励农民从事工商业等非农产业活动，乡镇企业异军突起，农村经济结构发生重大变化。这一时期，农业农村改革使得农村经营制度保持稳定并逐步完善，市场机制被逐步引入农业和农村经济之中。1992 年，社会主义市场经济体制建设全面启动。农村改革沿着稳定完善农村基本经营制度、健全农产品市场体系等路径继续展开。这一时期，比较突出的是农村企业的崛起和农村金融的活跃发展。农耕经济的扩大、农贸市场的活跃及乡镇企业的发展壮大，都需要大量的资金，急需银行的储蓄和贷款支持，比如八九十年代逐渐增多的万元户、农村粮油畜牧加工厂、企业等。因此，农村信用合作社的改革提上了日程。农村信用合作社放款资金的转入，增强了农村信用合作社的融资和放贷能力，为农村商品化经济和工业化改革注入了新鲜血液，也为后来农业银行和信用合作社分家提供了探索启示。

　　不过农村信用合作社迅速发展的同时，也伴随着高风险，大量的不良贷款变成呆坏账，成为后期农村及社会发展的隐忧。

　　步入 21 世纪，随着城市经济和高新工业的快速发展，新中国成立以来的城乡问题和工农差问题非但没有缩小，反而进一步扩大，改革开放初期农村土地改革所带来的红利逐渐缩小。针对这种情况，国家多次制定战略方针，推动"三农"问题的解决，围绕着促进工农、城乡协调发展出台了一系列重大举措。一是农业税费改革，在试点的基础上全面取消了长达两千多年的农业税，实现历史性进步；二是出台农业补贴政策，实现了对农业由取到予的历史性变革；三是全面放开粮食购销市场和价格，推进国有粮食流通企业改革；四是对农产品进出口贸易体制进行改革，实现农业全面对外开放；五是取消对农民进城就业的各种不合理限制，推动建立城乡劳动力平等就业的制度；六是按照"生产发展、生活宽裕、乡风文明、村容整洁、管理民主"的要求，全面推进社会主义新农村建设。国家从制度、政策、法律方面对农村经济体制进行改革，切实改善社会分配结构，提高农民的收入，使工农、城乡关系出现了新趋向，进入城乡统筹新阶段，为新时期农村金融事业的改革和繁荣发展提供了更好的基础和机遇。

　　另外，值得重视的是，党的十八大以来，中央加快发展农村经济的综合改革。2015 年，国家要求从顶层设计深化农村改革，具体包括：第一，推进农村承包地确权登记颁证工作，明确土地承包关系稳定并长久不变，完善农村土地所有权、承包权、经营权"三权"分置办法；第二，推进农业供给侧结构性改革，提高农业综合效益和竞争力；第三，构建新型农业经营体系，发展农业适度规模经营；第四，稳步推进农村集体产权制度和集体林权改革；第五，推进农村土地制度改革"三项试点"；第六，健全农业转移人口"人地钱"挂钩政策，促进城乡、区域间要素自由流动和优化配置；第七，深化户籍制度改革，绝大多数城市放宽落户限制，城镇基本公共服务向常住人口覆盖；第八，推进精准扶贫、精准脱贫机制创新。这些措施对建立健全城乡融合发展体制机制和政策体系创新有着积极的意义，有利于将农业农村改革从全面纵深推进到一个更高的起点上，使新农村事业往综合性、系统性、整体性、协同性发展。

在改革开放的大背景下，中国农村金融事业逐渐走向正轨，不断壮大。1979 年，国家正式恢复停办已久的中国农业银行，将农村信用合作社明确定位为集体金融组织，也是国家银行（中国农业银行）在农村的金融机构。1984 年，国家批准推行《关于改革信用合作社管理体制的报告》，要把农村信用合作社办成自主经营、自负盈亏的群众性合作金融组织。在政策和经济的支持下，农村信用合作社逐渐成为城乡经济发展的重要力量。不过农村信用合作社在全国各地的高速发展也暴露出一些问题。比如农村信用合作社所用人员素质较低，计划经济思维严重，跟不上市场改革的步伐，不能给有经营能力的地方个体户及企业贷款；或者裙带关系较为突出，导致了比较严重的银行内外不良贷款难以追回，并伴随着严重的政商勾结和贪污腐败等问题，危害地方乃至国家的长远发展。为了改变这种不利局面，1990 年，国家制定并推行《农村信用合作社管理暂行规定》，明确规定农村信用合作社交由中国人民银行委托中国农业银行领导和管理，以规范农村信用合作社的管理和运行。

随着市场经济的持续发展，特别是农村信用合作社用了近 5 年时间整改和规范管理，逐渐成熟，有条件进行独立运营。基于此，国家再次放权，于 1996 年决定将农村信用合作社与农业银行"分家"，正式脱离了行政隶属关系，影响广泛。为尽快配套改革，当年 8 月国务院就下发了《关于农村金融体制改革的决定》，进行行政隶属及下属职责改革，并到年底完成平稳脱钩。此后，农村信用合作社再次获得经营自主权。2000 年，江苏省率先开展改革试点，组建省级联社，试办农村商业银行，于 2001 年成立首批三家农村商业银行，包括常熟农村商业银行、张家港农村商业银行、江阴农村商业银行。其他各地开始模仿江苏经验进行推广。此外，农村合作银行也开始建立。2003 年，浙江进行了试点工作，建立了首家农村合作银行。

接下来，全国农村金融工作进一步深化、细化改革。2002 年，温州地区部分农村信用合作社改革利率，允许存贷款利率一定程度上浮，推动了银行业利率市场化。改革之后，银行存贷款业务量大大增加，地区经济也呈现加速发展态势，形成良性循环模式，得到上级部门认可。2003 年，全国试点推广温州经验，推动了中小微企业及农村经济的显著发展。

随后，金融经济进入股份制改革阶段。2003 年 6 月，国务院印发《关于〈深化农村信用合作社改革试点方案〉的通知》，重点鼓励符合条件的乡村改造为股份制商业银行。吉林、山东、江西、浙江、江苏、陕西、贵州、重庆等 8 省市开始试点，取得了一定效果。

为推动农业地区的商业市场构造转化，中国银监会于 2011 年宣布不再组建新的农村信用合作社及农村合作银行，取消资格股，逐步将其改组为农商银行。从此，农商银行成为农村金融的主要形式。笔者任职的信丰农商银行就是在这种大的历史背景下出现的。

此后，经过改转创造的中国农商银行数量持续增加。据统计，截至 2023 年，全国农信机构共计 2129 家，占全国银行业金融机构法人数量的 47.42%。其中农商银行 1607 家，农合行（23 家）与农信社（499 家）的数量已经大为下降，显示出农商银行在农村金融的主导地位。为了更好地服务农村经济，国家又酝酿推出村镇银行。2006 年，全国银保监会出台了有关村镇银行的政策文件及试点条款，要求在湖北、四川、吉林等 6 个省（区）的农村地区设立村镇银行试点，正式启动全国的村镇银行工作。2007 年，四川仪陇惠民村镇银行有限责任公司成立，是中国首家村镇银行。

当时村镇银行需要集资筹建，因此内外开放的力度比较大。一是对所有内外资本开放，境内外银行资本、产业资本、民间资本都可以到农村地区投资、收购、新设银行业金融机构；二是对所有金融机构放开，降低准入资本，减少营运资金限制。当时只要有 100 万资金，就能在乡村开设最低标准的村镇银行。由于条件宽松，全国各地的村镇银行大量出现。截至 2023 年，全国村镇银行已组建 1636 家，覆盖了中国绝大多数乡镇。

还有两种形式，即农村资金互助社和贷款公司。农村资金互助社是由农民和乡镇企业按照自愿原则发起设立的，目的是服务入社农民，金融服务范围较小。2007 年，吉林省梨树县闫家村百信农村资金互助社成立运营。农村资金互助社是互助性质的机构，带有一定的慈善帮扶性质，利率较低，业务范围狭小，对于社会其他资本吸引力不大，因此直到 2020 年全国也不到一百家。

农村贷款公司与城市认可的小额贷款公司不一样,有较多的规定引导。农村贷款公司必须是境内资本,且必须经过法律论证及批准,专门设在农村地区,为"三农"发展提供贷款服务的机构,但不具备存款功能。正是由于限制较多,且不能吸收存款,容量有限,难以进行资金杠杆调节,全国乡村申请者很少,甚至不及农村资金互助社。

3.3 农村金融问题和对策的宏观思考

经过 40 多年的改革,我国农村金融市场发展态势良好。第一,广覆盖的农村金融组织体系已经形成,尤其是在经济并不发达的西部地区,农村金融机构密度指标甚至高于中部和东部发达地区。第二,多层次的农村金融机构改革深入推进。一方面,中国农业银行"三农"金融事业部加大了对"三农"重点领域的信贷支持力度;另一方面,农村信用合作社改革加快推进,村镇银行、农村合作银行、农村资金互助社也在农村地区不断涌现。第三,从整体而言,农村金融机构在全国的分布较为均衡,以第一产业 GDP 计算的 296 个地级市农村金融机构密度指标所构建的基尼系数为0.332。可见改革开放以来,农村金融取得了显著的进步,但仍存在诸多问题,需要引起国家的重视并思考对策,推动农村金融及经济的健康发展。

3.3.1 农村金融机构数量少、职能少

20 世纪 90 年代以来,在市场经济改革的影响下,社会资本追逐效益,使不具优势的农村资本及金融市场面临"马太效应"的严峻挑战。农村信用合作社和商业银行在不断向商业化改革的过程中,逐步从农村地区撤离,转到人口更加集中的城镇地区,导致农村的金融机构大幅减少,营业网点覆盖率迅速降低,金融机构对"三农"的服务和扶持力度明显减弱。农民存储贷款,都要跑到城镇才能办理。这一点笔者深有体会。更为重要的是,针对不同客户的不同需求,各类农村金融机构并不能提供全面性、差异化的农村金融服务,导致农村金融机构服务供给不足、产品种类单

一、协同效应不高。笔者的老家及周边村落，根本没有一家信用合作社及银行，导致平时存储转账困难，更难进行汇兑、炒股等金融活动，不得不跑到镇上才能勉强进行，但是功能也不齐全，由于资金和功能有限，很多金融活动都做不了。

一是直接对接"三农"的农业发展银行的职能较少。目前来讲，农业发展银行是唯一专门为"三农"发展服务的政策性农村金融机构，主要职责是为农村经济发展提供政策性贷款。但近些年农业发展银行普遍面临职能萎缩问题。政策贷款的项目主要包括农业开发、农技改革、粮棉油加工、农村扶贫等。在最初阶段，农业发展银行可以综合提供这些贷款服务，发展势头良好。伴随着粮食流通体制改革的不断深化，农业开发、技改、粮棉油加工、扶贫等贷款职能被不断剥离而独立经营后，农业发展银行减少了不少贷款职能，只剩下农村粮食收储贷款这一单一业务职能。如此循环往复，农业发展银行也不得不大幅削减对"三农"的信贷投入，距离真正发挥政策支农的职能还有一段距离。

二是农业银行辐射和服务乡镇的能力明显下降。农业银行是商业性农村金融机构的典型代表。商业银行追求利润最大化的特性导致其商业资本具有逐利性，促使农业银行作出陆续退出农村地区的战略调整。"三农"服务真空成为大部分地区农业银行的普遍问题。

农村信用合作社支农力度较弱。农村信用合作社作为最主要的合作性农村金融机构，是目前服务"三农"发展的主力军，"三农"发展最基本、最直接的融资需求主要由农村信用合作社来提供。伴随着农村经济发展，"三农"的资金需求已逐步由基础的农业生产性贷款向扩大再生产、基础设施设备及生活改善消费等方面转变。农村信用合作社不仅被迫承担了部分政策性贷款任务，而且由于自身产权不够清晰和多元化、资金实力十分有限、贷款品种比较单一，根本无法满足农村经济日益发展壮大过程中对融资数目及贷款种类的需求。

三是新型农村金融机构业务创新不足。新型农村金融机构基本上是由现有的商业性金融机构发起设立，在人员配备、治理结构、监管模式上基本是传统农村金融机构的复制和延续，业务同质化现象比较突出，无法更好地适应"三农"对贷款品种及业务种类的需求。

互联网金融机构对传统农村金融机构造成了冲击。移动互联网、大数据和云计算等互联网技术的发展提升了对信息的整合能力，助推了互联网金融机构的兴起，在一定程度上改变了传统农村金融机构在时空和成本方面对信贷业务的限制。然而，它的主要问题是如何实现规范发展，补充和引领传统农村金融机构发挥更大的支农作用，而不是阻碍其作用的发挥。

3.3.2 农村金融市场存在的缺陷

我国农村金融市场主要是农村信贷市场，辅以规模较小的农业保险市场。从资金供给主体来看，农户由于抵押担保品的缺乏，难以提供信贷资金。从资金需求主体来看，当前农村占比最大的一部分需求主体能够解决温饱等生存问题，但缺乏担保抵押物和抵御风险的能力，难以保证收入稳定。这一现状的深层次原因主要是以下两个方面。

一是农村信用担保机制建设缓慢。农村金融市场资金供给主体发放贷款和资金需求主体获得贷款愈发困难的重要原因之一就是缺乏抵押担保品。而目前我国农村的信用担保业务正处于起步和摸索阶段，农村信用担保机构数量和管理规范程度都无法适应农村信贷市场发展。相比发达国家发展抵押担保业务促进农村信贷市场发展的做法，我们的信贷抵押担保业务发展严重滞后，创新显得十分不够。

二是农业保险发展滞后。从农村经济发展对农业保险的需求程度来看，我国的农业保险在深度、广度和规模上都极不匹配。重视程度不高，扶植农业保险市场的力度也远远不够，有关农业保险的制度几乎是一片空白。由于农业生产高风险的特征属性，保险公司开展农业保险业务缺乏积极性，农业保险机构严重萎缩。由于制度不完善，商业性原则运营的农业保险费率较高，农户承受能力十分有限，加之险种不丰富，农民认识不足、参保意识不强，对购买农业保险缺乏动力，农业保险规模增长较为缓慢。长此以往，一方面，农民对于自然风险和农产品市场风险的抵御能力较差，收入平稳及较快增长无法得到保障；另一方面，由于缺乏巨灾风险的分散及补偿机制，重大自然灾害的巨额信贷损失得不到有效控制。

3.3.3　农村金融监管效率低

与市场经济条件下的金融监管要求相比，我国农村金融监管仍存在较大差距，最大的问题就是监管形式与监管实质相悖，其次是法律、法规滞后和监督约束机制欠缺等问题，具体表现在以下三个方面。

（1）监管的理念和内容比较落后。

在行政式监管的影响下，农村金融监管主体主要依据行政文件，没有法律法规依据，监管内容基本是审批相关业务和检查合规性，主要强调农村金融市场和农村社会的和谐稳定，忽视了诸如风险管理评估分析等体现监管效率的现代意义金融监管。

（2）监管错位与缺位比较突出。

缺乏国家监管机构、地方管理部门以及银监会、证监会、保监会（银监会与保监会于 2018 年合并）三大行业协会的统一协调机制，监管政策重叠、相抵、相悖比较严重，无法适应我国目前农村金融体系的复杂局面。另外，监管主体在缺乏监管法律法规的情况下，对农村金融（特别是新型农村金融机构）的监管真空比较大，农村非正规金融更是游离在农村金融监管之外，很难实现规范发展。

（3）缺乏监管机构问责机制。

当前，农村金融监管机构的不作为、乱作为现象也不容小觑，特别是个别监管与被监管人员之间的特殊利益关系，在一定程度上阻碍了农村金融监管的公平公正和合理有效。

3.3.4　农村金融生态环境较差

长期以来，我国的农村金融生态环境都比较差，农村金融法律体系建设步伐不够快，金融机构服务的范围不够深、不够广，农民、农户和中小微企业信用问题比较突出等一系列问题根深蒂固，影响了抵押难、贷款难等问题的有效解决，已成为农村金融体系发展的重大阻力和障碍。

（1）法律体系建设明显滞后。

到目前为止，没有专门的农村金融法律法规，只有一些诸如指导意见、暂行规定、试点方案等规章制度，即使后来新型农村金融机构建立，也只是出台了一些指导性的规范性文件。对于与传统农村金融机构差别较大的区域性金融机构而言，其经营风险会不断扩大。对于民间借贷、民间集资、私人钱庄、合会等农村非正规金融，没有法律法规进行规范和约束，合法化问题始终没有解决。

（2）农村金融服务供给不足。

垄断经营比较严重，缺乏良性竞争环境，绝大多数农村金融机构都是以吸储为主，只有农村信用合作社等合作性金融机构和农业银行提供了信贷服务，商业银行在监管部门大力推广支农惠农服务的情况下依然积极性不高。大部分地区，特别是中西部地区，缺乏担保、保险、信托、租赁、信用等级评价等金融服务和机构，金融服务种类不全，覆盖面不够广泛，结构也不合理。农村正规金融竞争力和影响力不够，使得非正规金融、民间资本等产生了吸引力，助长了非法融资集资等行为。

（3）农村信用环境比较差。

农村地区无论个人还是企业，普遍较缺乏法律意识和信用观念，个人失信和企业造假多见，一些企业为了获得银行贷款或者逃避税收而填报虚假数据、篡改财务数据、制作多套报表等现象时有发生。农村信用信息评价体系建设滞后，没有统一权威的信用评价方法和失信惩戒机制；农村金融机构筛选借款人没有真实的信用状况依据，信贷决策风险较大；农村金融市场无法快速有效地引导资金投向具有最佳投资机遇的农户和企业。

3.4 完善农村金融体系的宏观建议

在经济新常态下，针对农村金融体系存在的问题，建议从以下四个方面加以改进和完善。

3.4.1 建立多元共生的农村金融机构体系

建立农村正规金融机构与非正规金融机构协调统一、多元发展的农村金融机构体系，使其真正担负起支持"三农"发展的历史重任，是完善农村金融机构体系的重要方面。在此基础上，应鼓励形式和功能各异的农村金融机构创新，特别是积极运用"互联网+"实现对"三农"提供无处不在、无时不有的金融服务。

（1）强化农业发展银行的政策性金融功能。

要彻底改变农业发展银行的业务格局，扩大其农业政策性贷款涉及范围，而不只是国家粮棉油收购贷款。在鼓励其继续做好国家粮棉油收购资金供应的基础上，重点发挥支持国家现代农业产业政策落实的职能作用，加大对农业特色产业发展和农业产业配套基础设施建设的资金支持力度，支持农业科技创新，加大对开发和推广农业科技成果的资金扶持，促进农业向科技含量高、生产集约化、产品精细化的产业化发展方向转变。同时，将国家开发银行的农业信贷等业务划归农业发展银行管理，鼓励农业发展银行建立农业发展基金，发行金融债券，通过农民和境外等多渠道筹集资金，拓宽农业政策性金融资金来源。

（2）强化农业银行支持"三农"发展责任。

中国农业银行前身为专项支农的国有商业银行，在支持"三农"方面具备一定的经验和优势，尽管实行股份制改革后在农村地区的营业网点出现了撤离现象，但其经营模式和资金实力在股份制改革过程中得到了加强。应以全面推开"三农"事业部改革为契机，凭借农业银行营业网点几乎覆盖整个县域的优势，重点引导其支持县域和农业企业发展，依据当地农村、农民的实际需求，创新贷款品种和服务方式，实现服务"三农"和商业化运作并行的模式。国家还可以规定农业银行投放涉农贷款的比重，控制其逐利性和分流农村资金的现状。另外，目前我国大部分地区农村经济发展相对缓慢，农村经济主体实力相对较弱，追逐利润最大化的特征决定了农业银行至少现阶段在农村大规模开设网点和广泛开展业务的动力不足。因此，还可以鼓励其与农村信用合作社等农村金融机构通过产品创新、资金结算等方式积极开展合作，发放周期长、额度大的农业基础建设贷款，在互惠互利的基础上为"三农"提供优质金融服务。

（3）进一步提高农村信用合作社服务"三农"能力。

作为农村金融机构体系的主力军，农村信用合作社应继续秉持支农支小的本质，在转型升级中提升核心竞争力，在产权制度改革中改变所有者缺位的重大缺陷，逐步理顺管理体制，充分发挥其有别于农村政策性和商业性金融机构的支农优势。在东部沿海地区等农村经济较发达区域，实现农业现代化已经具备了一定的基础，农业二、三产业较为发达，经济实力较强的企业和农户众多，需要大量资金发展现代农业和特色产业，应继续加快推进农村信用合作社股份制改造力度，在坚持服务"三农"发展本质的基础上，尽快改革成为股份制农村商业银行，改革后的农村信用合作社划入农村商业性金融机构体系，既可以推动自身改革发展，又可以填补国有商业银行股份制改造后退出农村金融市场的空白。在中部和西部地区等农村经济发展相对缓慢的区域，应积极鼓励具备改制条件的农村信用合作社改造成为农村商业银行，确实达不到全面股份制改革条件的，可以考虑先改造成为股份制的农村合作银行，既保留管理民主化、服务亲民化的合作金融本质，又具备产权明晰化、投资者利益最大化的股份制特点，不断增强自身实力，为"三农"发展提供必要的金融支持。在产权改革的基础上，农村信用合作社还应积极配合农村产业结构调整，为现代农业产业、农民专业合作社、农业基础设施建设等提供必要的金融支持，不断提高小额信贷比例，满足低层级市场主体需要，充分发挥农字号金融组织优势，补充农村政策性和商业性金融空缺。

（4）支持新型农村金融机构创新发展。

村镇银行、小额贷款公司和互助组织应积极创新发展适合农村地区的各种微型金融服务，不断完善内控机制，提高风险管理水平，在商业可持续的基础上，不断优化在农村地区基层机构的职能，给予基层机构自主经营权，把基层网点发展为专门服务农户、个体工商户和中小微企业的独立单位。要重点在金融极度落后的农村地区设立相应的具备存取款、汇款等功能的简易机构和网点，满足贫困落后地区的基本金融需求。

（5）推动互联网金融机构发展成为传统农村金融机构的有效补充。

对于互联网金融机构的创新发展，一个十分重要的前提是它与传统农村金融机构之间的竞争不应是相互取代的博弈，而是公平开放、相互补充的良性金融生态系统。在此基础上，互联网金融机构应充分发挥自身优势，推动农村普惠金融发展，不能一味追逐利润最大化，应在金融产品的设计上考虑农民和农村中小微企业需求，平台内做好产品金额、期限、地域等的把控，平台外做好调查、审核，等等。

同时，应采取措施引导农民和农村中小微企业学会利用这些有针对性的金融产品理财和筹集资金，不能只针对农村80后、90后人群。虽然这是互联网金融机构拓展业务的一大难点，但是也应千方百计扩大使用人群范围。比如，可以考虑先让习惯使用存折的年龄偏大的人群习惯使用银行卡，完成基于银行卡的互联网支付程序，等等。

（6）引导农村非正规金融机构规范发展。

农村非正规金融机构主要有农村合作基金会、典当行、合会、民间票据市场、私人钱庄等，是由农村金融市场主体自发组建的，不受金融监管部门监督和法律的保护约束，通常是地下金融行为，而且对不同地域的特性具有高度的适应性。这些特性决定了农村非正规金融机构不同于农村正规金融机构，基本不具备改革发展的自主性，需要国家采取强制性和引导性措施促进其规范发展。应从法律层面明确合法的和非法的农村非正规金融机构及其活动，禁止非法集资、高利贷等不合法的农村非正规金融机构活动。同时，应引导具备条件的农村非正规金融机构改造成为村镇银行和小额贷款公司等，丰富农村金融供给主体，为正规金融目前无法触及或不愿触及的区域提供必要的金融支持。

3.4.2　建立多层次的农村金融市场体系

当前，国家对农村金融市场的调控手段与农村金融市场自身操作进入了磨合阶段，最终的目标就是要建立促进各类主体之间资金供需平衡、由多个局部金融市场构成的农村金融市场体系。

（1）完善农村信贷市场。

应加快建立农地金融制度，为农业提供长期贷款。应推动农业生产和土地经营等方面的制度创新，为农村宅基地使用权、农民土地承包经营权、仓储、林权等成为抵押物提供条件。应通过增加风险补偿基金，促进农村中小微企业信用担保机构担保实力不断增强、担保范围不断扩大，推动其快速发展壮大，更好地为"三农"提供贷款担保服务。有条件的区域，也可以考虑由政府出资牵头，有条件的企业和农民参股，成立股份制担保公司或担保基金，更好地带动各类担保机构发展壮大。

（2）培育农业保险市场。

由于农业生产活动具有一定的风险性和不确定性，农业保险市场应以发展政策性农产业保险为主。应尽快制定和实施农业保险法，对农业保险的形式、金额、费率等重要条款作出明确规定，确立农业保险的法定地位。同时，应由国家发起成立政策性农业保险公司，执行国家保护农业生产等有关政策，建立农业保险风险基金，为农村金融机构等信贷组织提供保障，针对"三农"的不同需求开发适合的险种，对有关民生发展的农作物实行强制保险，其他险种自愿购买，不断提高保险服务质量，推动农业保险市场发展。

（3）建立融资租赁等新型融资市场。

在 2015 年 8 月 26 日召开的国务院常务会议上，时任国务院总理李克强明确指出，融资租赁和金融租赁作为深化金融改革的重要举措，能够有效缓解融资难和融资贵问题，并确定全力支持设立服务中小微企业和"三农"发展的融资租赁公司。融资租赁业务能够促进"三农"融资难、融资贵问题的解决。无论是融资租赁公司还是专用设备的承租人，承担的风险都相对较低。因此，作为突破贷款担保方式匮乏的有效途径，应积极推进涉农租赁产品创新，特别是农机租赁方式创新，融资租赁公司应把涉农业务的重点放在通过融资租赁推广农业机械设备上。同时，应充分利用"互联网＋"农业，做好融物与融资的结合，并通过建立农业专用设备租赁物等二手设备流通市场，支持发展农机具融资租赁业务。

3.4.3　建立层次分明的农村金融监管体系

农村金融体系仍然是金融系统的薄弱环节。对农村金融体系的监管困难多、压力大，也是金融监管体系中任务最重的。对农村金融监管体系存在的各种不足，应尽快从各个层面予以完善。

（1）改进监管理念内容。

农村金融与城市金融不同，具有一定的特殊性，在监管内容的设计上应区别于城市金融。在农村金融市场准入监管的设计上，应继续坚持合理放宽的原则，区分合法和非法的农村金融组织，促进合法民间金融组织在农村金融市场发挥作用，坚决取缔非法民间金融组织，提升农村金融组织覆盖率。在农村市场退出监管的设计上，应在符合农村实际的基础上，把存款保险制度作为主要退出机制，降低政府买单的发生概率。

（2）统筹监管机构职能。

国家监管机构、地方管理部门及行业协会应形成通力合作的农村金融监管格局，国家监管部门应充分发挥监督指导作用，地方监管部门如省、市政府金融办等应充分履行监管责任，建立起快速的信息共享机制和监管联动机制，避免职能交叉。同时，随着证券和保险业务在农村地区的逐步开展，证券、保险等监管部门的作用也应充分发挥。另外，应建立农村金融机构的行业自律组织，配合农村金融监管部门营造良好秩序。

（3）健全监管问责机制。

我国目前还没有针对农村金融监管体系的统领性法律法规，无法可依情况下的监管加大了出现管理乱象的概率。应根据农村金融的特点，尽快研究出台有别于城市金融监管的指导性法律法规，要对监管机构履行的职责作出法律规定，更要建立对监管人与被监管人勾结等违规行为的问责机制，避免金融腐败和金融寻租。

3.4.4　优化农村金融生态环境体系

农村金融生态环境状况决定了农村金融体系发展水平。一个可持续发展的农村金融体系，必须具备良好的金融生态环境。现阶段应主要从法律制度、金融支持、信用体系、机构内控四方面推进农村金融生态环境建设。

（1）优化法律法规环境。

这是农村金融生态环境体系建设的核心。国家应加快推进界定各农村金融主体权力范围，并加大对各主体的执法力度，对涉农主体开展金融法律扫盲，惩治不良信用主体，营造优良的农村金融法律环境。

（2）扩大金融服务支持。

政府应充分发挥制度安排和政策引导作用，以解决农村金融缺口现实困境和加大信贷支农力度为目标，从国家层面为更多农民、农户、乡镇企业等获得更高水平的信贷营造环境。在支持提供中介金融服务的机构提高服务水平的同时，也要规范其业务发展，降低"三农"融资成本。

（3）加快信用体系建设。

应为地方搭建与行业信息共享的信用信息获取平台，促进信用信息的进一步公开透明化，从而改善信用环境。应做好乡镇企业，特别是中小微企业信用信息的收集和更新工作，通过守信激励、失信惩戒的信用机制完善乡镇企业信用评价体系和信用环境。应广泛开展农户的信用信息的收集工作，将信贷支持与农户的信用水平挂钩，形成对农户守信的正向激励。

（4）加强内控机制建设。

法律制度、金融支持、信用体系主要是农村金融外部生态环境体系建设的内容。从内部环境建设来看，主要应加大农村金融机构的内控机制建设，健全内部管理机制，落实责任，避免失职渎职，贷前、贷中、贷后严格进行审查和检查，不断提升农村金融机构的可持续发展能力。

总之，农村金融体系的建设与完善是支持"三农"发展的重要内容。应在国家金融体制改革的大背景下，不断细化农村金融体系层次，扩大农村金融体系覆盖范围，控制农村金融体系风险，优化农村金融发展环境，有效解决农村金融"最后一公里"问题，推动普惠金融发展。

4 当代江西农村金融实践：以信丰农商银行为例

4.1 江西农村金融概况

随着脱贫攻坚战的全面胜利和乡村振兴战略的不断深化落实，江西省农村地区的经济发展有了质的飞跃，农村金融市场焕发出新的活力，农村百姓对普惠金融服务的需求日益增长，农村金融机构也随之呈现出多元化的新发展态势。

4.1.1 农村金融机构网点基本情况

江西省农村金融机构各网点目前均已接入大小额支付系统和农信银支付清算系统，农村资金汇划渠道畅通，能保证各项资金实时到账。作为农村地区金融服务的主要提供者，近两年，江西省农村法人银行机构覆盖面逐步扩大。相较于 2020 年 6 月，截至 2022 年 6 月末，全省农村金融机构数量（数据统计包括农村信用合作社、农商银行、农村合作银行、村镇银行）及从业人员均有小幅上升，网点数量从 3755 家上升至 4024 家，增长 7.16%，从业人员数量从 48011 人上升至 51571 人，增长 7.41%。按地市细化江西省农村法人银行机构数据，可以发现省内经济较为发达的南昌、九江等地的机构网点扩张较快，但从业人员数量增长较少，增幅明显小于网点增幅；而相对欠发达地市农村法人银行机构网点及从业人员数量都出现较大增长。这在一定程度上反映了金融科技发展背景下部分农村法人银行机构结构化转型，采用更多智能设备替代柜面员工，提高了业务开展效率。

江西省抚州市东乡农商银行与农信互联合作打造生猪养殖智能网络平台，形成新的农业金融生态闭环交易模式。客户通过农村信用合作社推出的"猪联网""猪小智"等软硬件产品，有效地提升了生产管理水平。同时，客户也享受农信互联推荐的合作银行的低利率融资产品，解决客户采购投入品的融资需求；通过在农信商城的定向采购，降低了资金风险，为客户节省了采购成本。这种创新金融服务"三农"的方式，全流程管控信贷融资风险，助推农业农村经济发展与生态环境改善，提高了金融服务乡村振兴的能力和水平。

4.1.2 农村金融服务应用情况

随着金融科技赋能乡村振兴的深化落实，网上银行、手机银行、线上贷款等金融产品不断推出，聚合手机银行扫码支付、云闪付支付、微信支付、支付宝支付为一体的全新支付平台，基本能够覆盖满足农村百姓的基本金融需求，农村普惠金融服务站在江西省实现了全面覆盖，农村地区金融服务环境得到明显改善。

江西省抚州市资溪农商银行坚守"立足本土、服务社区、支农支小"的战略定位，在辖内已建成23个农村普惠金融服务站，6个社区普惠金融服务站，通过不断提升站点的服务质量，扩大普惠金融服务范围，逐渐成为农商银行网点的"前沿阵地"。通过布放助农终端，设置助农取款点，为每个普惠金融服务站点配备专门服务设施，为当地农村百姓提供小额取款、现金兑换、转账汇款、余额查询等一系列金融服务，有效填补了农村腹地金融服务的空白。各普惠金融服务站点除了提供基础性金融服务外，还提供了代缴电费、代缴社保、消费结算等综合型便民服务，有效提升了农村百姓的金融服务体验。

4.1.3 农村百姓及其贷款情况

江西省农村地区老龄化特征较为明显，农村百姓以老年人为主，其金融服务需求主要围绕基本生产生活保障，如零星资金存取、转账、生活缴费等。近两年，江西省涉农信贷资金投放力度不断增强，无论是涉农贷款还是农业贷款，均呈现出稳步增加的态势。涉农贷款笔数和规模增长40%以上，农村金融机构涉农贷款余额从2020年6月末的2457.65亿元增长到

2022 年 6 月末的 3688.33 亿元，增幅达 49.26%。农业贷款余额从 2020 年
6 月末的 647.53 亿元增长到 2022 年 6 月末的 894.16 亿元，增长 38.09%。
农业贷款占涉农贷款比重两年来均稳定在四分之一左右，2022 年 6 月末较
两年前小幅下降 1.98 个百分点。

江西省抚州市南丰县充分利用新型贷款业务全力助推乡村发展。针对
家庭农场、种养植（殖）大户、农民专业合作社、农业社会化服务组织、
中小微农业企业或者依托新型农业主体形成的优质供应链客户，南丰县桔
都村镇银行推出"农户联保"业务和"桔都生意贷"，九江银行南丰县支
行推出"桔时贷""甲鱼贷"。中国建设银行南丰县支行克服农村网点不足
的现实困难，陆续开发了"快贷""分期通"等大数据产品，通过信用的
方式给予"三农"企业信贷资金扶持，解决了农村企业融资难的短板问
题。南丰农商银行以"信用镇、信用村"为依托，建立农户信用评级档
案，探索"龙头企业 + 专业合作社 + 基地 + 农户"的发展模式，为种植大
户发放抵押贷款和担保贷款等，积极支持农户发展蜜桔种植业。

4.2　江西农村普惠金融发展痛点

4.2.1　地方村镇银行发挥作用有限

江西村镇银行的发展主要由发起行主导，自身主观能动性差，虽然能
深入基层为农村百姓提供基础的金融服务，但是其自身信息整合和智能化
分析运用不足，收集到的农村百姓金融服务需求多呈碎片化状态，无法形
成个性化数据资产并提供配套金融服务。

4.2.2　农村金融知识普及率有待提高

由于受自身条件和外部环境的制约，很多农村百姓文化程度不高，老
年群体可能存在方言和普通话交流上的障碍，农村百姓整体金融安全意识
薄弱，对大部分金融服务产品了解过少，甚至存在重收益轻风险的片面认
知。金融知识在农村地区的宣传还不够深入，金融知识普及面还不够广，
部分农村居民在移动金融客户端无障碍使用上还存在一定困难。

4.2.3 农村普惠中小微企业生存压力大

农村普惠中小微企业是江西省农村金融市场主体的重要组成部分，集中分布在五大行业，分别为批发和零售业、住宿和餐饮业、居民服务业、农林牧渔业、租赁和商务服务业，城乡分布较不均衡。近两年，江西省农村地区普惠中小微企业市场预期转弱，中小微企业注册数下降，生存压力增大。与此同时，普惠中小微企业行业分布集中度变高，生存空间被挤压。

4.3 江西农村普惠金融发展相关建议

4.3.1 推动农村法人银行机构结构化转型

江西农村地区法人银行机构需要立足于农村百姓的实际金融服务需求，适当借助发起行加快自身结构化转型。转型重点应从初期的互联网金融业务和电子渠道等层面不断向纵深挺进，延伸和拓展至战略规划、组织架构、业务模式、产品设计、营销策略、运营机制、风险管理等诸多领域，合理运用大数据、人工智能等金融科技工具，为广大农村百姓提供个性化的金融服务。

4.3.2 推进普惠金融服务站多元化发展

江西省各农村普惠金融服务站应充分发挥服务站的作用，利用科技力量实现金融服务多元化。可以在支部联建、结对共建下功夫，搭建线下金融服务场景，包括（不限于）开展图书阅读角、党史宣传、送医下服务站免费义诊、社保信息查询、就业信息发布、高考志愿填报等服务，第一时间解决群众痛点、难点问题。

4.3.3 推广金融服务知识宣传

农村金融机构（尤其是农商银行）应进一步结合农村实际情况，针对农村地区老年人的群体特征进行分析，结合农村百姓的金融服务知识需求，以农村百姓喜闻乐见的方式开展富有乡土气息的农村金融知识宣传活动，加强农村百姓对金融知识的了解，提升农村百姓的金融素养。同时，积极配合相关部门严厉打击在农村地区的非法金融活动，为农村百姓营造良好的金融服务环境。

4.3.4 加大对农村地区普惠中小微企业的金融支持力度

普惠中小微企业的良好发展需要充分发挥货币政策总量和结构的双重功能，保持合理的流动性，优化普惠中小微贷款的行业、地区结构。进一步用好用足普惠性再贷款再贴现政策，引导金融机构加大对"三农"、县域中小微和民营企业的支持力度。通过信贷支持让县域普惠中小微企业以时间换空间，减轻短期生存压力。

4.4 信丰农商银行普惠金融成效

自 2015 年起，为应对大中型银行下沉带来的挑战，顺应时代发展，信丰农商银行把"支农支小"提升到战略高度，高举支农支小、普惠金融的大旗，扩大授信面，发放小额、信用贷款，严控新增大额贷款，深入农区、社区、园区，始终以"扩面、提额、增效"三大工程为抓手。经过八年的努力奋斗，该行进一步夯实了农村金融主力军地位，并逐步走出了一条差异化、特色化的发展道路，谱写了新时代农村金融发展的新篇章，2023 年更是被评为"农村商业银行小而美 50 强"。

面对当下的新形势和新要求，信丰农商银行将精诚团结，攻坚克难，勇毅前行，接续奋斗，对标省内外一流农商银行，扎实做好服务实体经济、支持乡村振兴、推进普惠金融等工作，推动建设现代化农商银行，把信丰农商银行打造成省内创一流、中部作示范、全国勇争先的现代化金融企业和金融赣军中的铁军。

4.4.1 县情、行情简介

信丰县位于江西省南部，居赣江上游贡水支流桃江河中游，东邻安远县，南连龙南县、定南县、全南县，西接广东省南雄市，北靠南康区、赣县区、西北与大余县为邻。辖区面积 2878 平方千米，辖 16 个乡镇、1 个省级二类管理工业园区，260 个行政村，27 个居委会，4098 个村民小组，人口 76 万，其中农户有 15 万户，农业人口 63.8 万人，农村劳动力 32.5 万人。农业产业主要包括传统的脐橙、烤烟、红瓜子、萝卜等名优特产，是"赣南脐橙发祥地""中国脐橙之乡""全国最大红瓜子集散基地"；同时草菇、甜玉米、辣椒、半夏等新兴农业产业亦已初具规模，是"中国草菇之乡"。工业产业以电子信息和农产品加工为主，有可立克、比亚迪、朝阳聚声泰、农夫山泉等一批享誉国内外的企业入驻，更有裕和农业、友尼宝等一批本土企业崛起。信丰县生态环境优良，森林覆盖率达到 68%，是赣南地区多林县和重点产林区之一，是全国第一批生态环境建设示范县。

信丰辖内目前有银行类存款金融机构 11 家，包括中国银行、中国工商银行、中国建设银行、中国农业银行、中国邮政储蓄银行五家国有银行，中国农业发展银行—政策性银行，江西银行、赣州银行、九江银行三家城市商业银行，银座村镇银行和信丰农商银行。信丰农商银行于 2016 年 6 月 30 日正式挂牌开业，前身是信丰县农村信用合作联社，是信丰县内网点最多、规模最大、客户最广的县域银行。2023 年末，总行设置了 13 个部门，下辖 1 个营业部、33 个支行，以及 300 多个普惠金融服务站，其中在城区设立了 23 个社区普惠金融服务站。党员人数 160 名，设立了党支部 25 个，实现了辖内网点、机关部室党员全覆盖。一直以来，信丰农商银行各项业务稳健发展，监管指标持续优于监管标准，质量效益稳居全省农商银行系统前列，多次被江西省农村信用社联合社（简称"省联社"）评为"业绩综合考评"和"党建考核"优胜单位。

4.4.2 普惠金融发展成效

（1）业务飞速发展。

截至 2022 年末，信丰农商银行授信 8.49 万户，实现授信面 38.40%，即每 3 个信丰家庭就有 1 个在农商银行办理了贷款；较 2014 年末，2022

年末贷款余额增幅高达 262.91%。不良率从 2014 年末的 4.52% 下降至 2022 年末的 1.46%，人均创利能力更是从 2014 年末的不到 28 万元提升至 2022 年的 120 万元。2022 年末，实现拨备覆盖率 486.17%、资本充足率 13.89%，主要监管指标均优于监管标准。

通过践行普惠金融，信丰农商银行提高了客户经理乃至全行员工营销拓展小额贷款的积极性和主动性，极大地激发了全行员工发放单户 100 万元以内（尤其是 30 万元以内）小额信用贷款的热度和激情，培育了一大批黏性强、有潜力、能成长的小额贷款客户。截至 2022 年末，单户 100 万元以下贷款占比达到 73.43%，信用贷款占比达到 53.55%，较 2014 年末呈现显著增长，增长情况见图 4 –1。

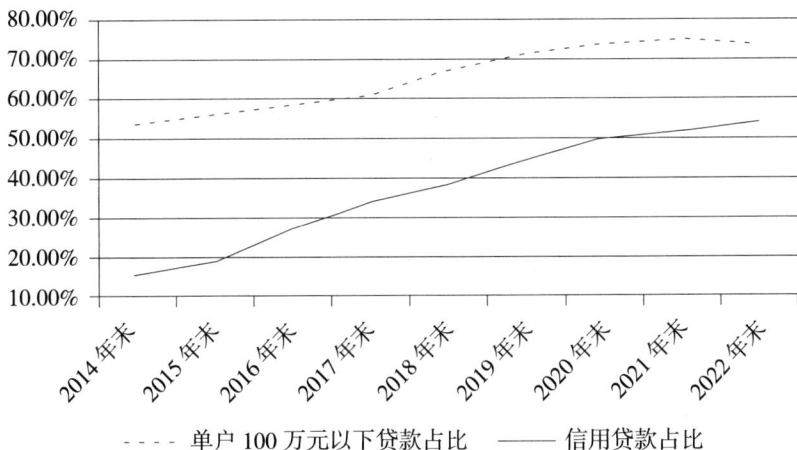

图 4 –1　信丰农商银行单户 100 万元以下贷款和信用贷款占比增长

（2）团队文化氛围显著改善。

农商银行的高质量发展从根本上来讲取决于员工队伍综合素质的不断提升。建设积极、创新和充满活力的团队文化是推动农商银行持续发展的关键。在践行普惠金融支农支小的道路上，形成了干事创业的良好氛围：一是中层干部年龄优化，平均年龄为 35.98 岁，其中 90 后 8 人；二是薪酬绩效向一线创利倾斜，打破了原有的大锅饭现象，逐步拉开收入差距，推动效益提高，压降机关收入水平，鼓励员工下基层干事创业；三是减少柜面人数，内勤柜面人数占比下降至32%，而客户经理人数从原有的74人增至91人。

（3）使命感深入人心。

在信丰农商银行成立一周年晚会上，员工集体朗诵了一首《历史的使命》，形象地展现了信丰农商银行坚守立足县域、支农支小、服务社区的市场定位的使命感。

在"人信物丰"的信丰金融业界，
有一个省级"文明单位"，
她在改革创新中急速发展，
她在服务社会中争先超越，
她大力践行"三大历史使命"——
"立足县域，支农支小，
服务社区，作出新贡献"！
她就是我们信丰农商银行！
肩负着"三大历史使命"，
我们，农信社全体员工，
人人心中铭刻"服务三农"宗旨，
个个双手高擎"合规发展"旗帜，
全心全意为客户创造价值，
为股东创造利润，
为社会创造财富，
为自身增添生命的价值和光辉！
为实行"全面的风险管理"理念，
我们，农信社全体员工，
"借晨会之名，行管理之实"，
用"风险防控"筑牢业务发展的长城，
用"合规操作"锻出企业品牌的精髓，

把风险防控融入血液，渗透所有职责岗位，
我们在主动管理风险中把握发展机会，
风险可控的发展，才是真正的发展，
风险可控的效益，才是真正的效益！

多少个晴天雨天，
领导带领员工找储源走村串巷，
为客户打造便捷、坚固、厚实的"钱柜"。
多少个关键时刻，
领导带领员工走进工厂矿山、公司企业，
调查它们的生产经营情况，
为它们解决资金信贷上的燃眉之急。
"作出新贡献"，
是我们实现"使命"的追求；
"创造新业绩"，
是我们履行"宗旨"的作为。
为此，我们认准市场定位，
"立足县域、服务三农"，
把农信社打造成县域银行的主力。
听！
"三大活动"号角已经吹响，
看！
"一大一小一特"网点服务生机盎然，
同业竞争我们寸土不让！
组建农商行的步伐坚实铿锵！
理念大学习，
思想大解放，
"服务大提升"，
让充满活力的"金融航母"启航！

"文化绽放金融花，
科学结出花之蕾。"
在科学发展观指引下，
信丰农村信用合作社，
各项业绩倍速发展，
在服务县域经济中成绩显著、硕果累累。
在信丰这个"中国脐橙之乡"，
赢得企业、客户和民众的一致口碑！

放眼整个赣南金融业，
我们农信社——
服务网点最多，
客户资源最广，
业务规模最大，
支农力度最强，
市场份额第一！

回望农信社60周年光辉历程，
凝视社徽的熠熠光辉，
我们，新时代的信合人，
青春飞扬，热血沸腾！
我们牢记农信社的光荣历史，
从历史中汲取营养、获取动力；
我们坚守服务"三农"的宗旨，
从宗旨里凝聚精神、贲张热血。
守着三尺银台，
我们演绎人生的精彩；
管着人民钱币，
我们接受人民的检阅。

我们将用全部的青春和活力，

让三尺银台，

延伸到农村、社区、厂矿企业；

我们要以全部的情感和智慧，

坚守职责岗位，

无怨无悔、求善求美；

我们将用全部的生命，

为农信社书写新的篇章；

我们将用生命的全部，

为"历史使命"续上新的一页！

4.4.3 树立清晰的发展理念

（1）确立发展战略。

作为地方法人机构，该行建立农商银行就是要做小做散，就是要拼效率、拼服务，在业务发展中不断改革、优化，树立与时俱进的战略理念。农商银行最主要的工作就是要融入地方，让政府、百姓深入了解、接纳农商银行，只有绝大多数人认可农商银行，农商银行才有发展远景。

该行进一步明确了支农支小这个基本发展战略：深耕农区、力拓城区、专攻园区，一要弘扬支农"主旋律"，打造农民喜爱的贴心银行；二要投身城区"主战场"，打造市民信任的知心银行；三要强攻园区"主阵地"，打造中小微首选的暖心银行。同时区分好长线与短线战略，总行、支行、员工都要对自身每月、每季、每年的发展规划有一个清晰的认识。只有这样才能稳步前进，到达彼岸。

（2）坚守市场定位。

2017年，成立不足一年的信丰农商银行在改革红利的刺激下，各项业务以迅猛之势快速发展推进，但在这高速发展的背后也隐藏着一些问题和不足。在2016年全行总结大会上，时任董事长廖建伟就如何居安思危走好转型路，着重提出要继续坚守定位。他指出：要继续践行支农支小的发展理念，扩大授信面，发放小额贷款，明确通过资产业务来带动负债业务导向，要牢记农商银行的根在农村、在中小客户。

2016 年起，该行把"支农支小"提升到战略高度，确立为永恒主题、工作主线，先后制定了《支农支小三年规划（2016—2018）》《推进普惠金融三年战略规划（2018—2020）》两个主要的纲领性文件。在圆满结束了前两个三年规划后，2021 年该行制定了《信丰农商银行普惠金融示范建设三年规划（2021—2023）》，为普惠金融定方向、定目标：积极主动融入国家战略部署、区域发展大局和省联社年会工作要求，并进一步建立健全公司治理体系，完善制度架构和优化部门职责，始终沿着"普惠金融、乡村振兴、支农支小"这条战略主线推进。

2023 年，信丰农商银行董事长林平提出了信贷投放的"985"理念：力争实现 500 万元以下贷款占比达到 90%，100 万元以下贷款占比达到 80%，1000 万元以上贷款占比低于 5%。在该理念的指导下，2023 年末，该行单户 500 万元以下、100 万元以下、1000 万元以上贷款占比分别为 88.76%、73.19%、5.70%，正逐步向 500 万元以下贷款占比达到 90%、100 万元以下贷款占比达到 80%、1000 万元以上贷款占比低于 5% 的目标前进。

（3）筑牢底线思维。

在金融行业中，客户经理作为企业与客户的桥梁，扮演着举足轻重的角色。然而，近年来部分客户经理在工作中出现了底线意识薄弱、合规操作不规范的问题，为农商银行和客户带来了潜在的风险。如 2015 年之前信丰县农村信用合作联社 50 万元以上贷款占比超过了 90%，且出现了较多当年放款当年收不到利息的情况，主要是因为客户经理对于职业道德和法规的重要性认识不足，在追求业绩的同时往往忽略了合规操作的重要性。此外，人员素质的差异也是原因之一。

为此，信丰农商银行强化合规理念，筑牢底线思维，随时处理有道德问题和涉及司法问题的员工，将一批不适合担任客户经理岗位的人员清理出队伍，强化对客户经理岗位的考核，实行末位淘汰和黑名单制度，肃清客户经理队伍中的毒瘤，强化全行员工的合规意识和底线思维。

（4）加强作风建设。

该行自 2015 年起即非常重视作风建设，自上而下改变工作作风。时任董事长廖建伟指出：转作风是关键点、重头戏，要树立勤勤恳恳谋发展、踏踏实实干事业的工作作风，让全员一起为企业、为自己谋划未来。2015年起即开展作风建设活动，在全行掀起提高作风建设、服务业务发展之风，要求机关下沉工作重心，及时传达总行的工作部署和重点工作，做到全员知晓。每年的第一季度开门红期间，都会要求机关加强对挂点网点的帮扶督导，减轻网点的柜面压力。在完善工作责任制上下功夫，今后每项工作每个环节都要明确责任，要有时限、有责任人。在干实事上下功夫，对照工作部署、任务目标，紧盯工作进度，加强督导跟踪，在全行形成真抓实干的干事氛围。在求实效上下功夫，在重过程的前提下更要强调结果，强化短期业绩决定绩效、长期业绩决定升迁的理念，重实效、强价值。

（5）打造学习型组织。

在金融行业竞争日益激烈的今天，农商银行若要立于不败之地，必须建立一支高素质、学习型的专业团队。为此，历任领导班子一直非常重视理论学习和专业技能提升，每年定期举办员工业务知识考试和技能比赛，同时聘请外部培训机构开展业务知识培训，并派送业务骨干到外地进行培训学习。在当今信息化、数字化、知识化的时代里，打造农商银行学习型组织、强化学习培训已经成为银行发展的必然趋势。只有积极推进学习、强化技能提升，农商银行才能在激烈的竞争中立于不败之地。

4.5 信丰农商银行践行普惠金融举措

4.5.1 推陈出新，优化产品配套

（1）创新信贷产品。

在产品竞争力方面，农商银行一直以来重点营销推广信用类贷款。而信用类贷款中以农户小额信用贷款为主，没有细分，没有特色，没有差异。这些弊病随着时间的推移越来越明显。为强化信贷产品的竞争力，充分挖掘细分市场，按照"人无我有，人有我优，人优我特"的创新思路，

在明确核心产品的情况下，细分市场，体现差异化、特色化。

该行先后推出了十几款信贷产品，如根据公积金缴纳额度推出"薪易贷"、为持有该行社保卡客户推出"百福社保贷"、疫情防控期间为支持医护人员推出了"天使医护贷"、为支持个体工商户推出了"财园个商 E 贷"、为大力支持新市民贷款推出了"新市民贷"、为简化手续扶持中小微企业推出了"中小微易贷"、为企事业单位高端客户群体推出"百福尊享贷"，等等。从原来仅有农户小额信用贷款和居民小额信用贷款两种产品，扩充为以"农户小额信用贷款""居民小额信用贷款""百福社保贷""财园个商 E 贷"为主，其他信用贷款为辅的多类型小额信用贷款产品矩阵，激发了全行员工营销拓展小额信用贷款的热情。

（2）规范操作文本。

由于农商银行主推的是信用贷款，为防范风险，以往都是堆砌文件资料，导致客户需要签字的资料多达近十张，办贷流程也非常长，需要往返多趟。仅仅为了办理一笔 10 万元的农户小额信用贷款，客户经理需要进行对比分析银行流水、撰写调查报告、召开评级会议等一系列操作，费时费力，而在风险防范上也没有起到应有的作用。

为提升办贷效率、简化办贷流程，对贷审流程应简尽简，按照"简化流程、统一标准、统一文本、规范操作"的原则，该行创新设计了农户小额信用贷款、居民小额信用贷款、个人小额抵押贷款等贷款授信模型，只要在表格空白区域处输入调查的资产负债、收入支出、征信记录等相关基础信息，即可自动生成资信等级和授信额度，让全行员工对额度的确定有了一个统一的标准，便于前台调查确认和后台审查审批。资料的简化提升了客户经理做小做散的积极性和主观能动性，极大提高了贷审效率。即便是从其他岗位转岗过来做客户经理的工作人员，也能在短时间上手。

为了进一步强化市场竞争力，体现县域法人机构短平快的优势，该行实施限时办理，坚持做到"30 万以下贷款审批不过夜、大额贷款审批不跨周"，把一周一次贷审会议调整为两天一次，切实缩减办贷时间。同时，存量客户贷款资料无须重复提供，采用 100 万元以下贷款"一张表"的形式，为客户经理减负，简化办贷流程，提高办贷效率。

（3）创新档案文本。

信贷档案的管理一直是一个老大难问题。对管理档案的运营主管来说，难以确定哪些资料缺失、哪些材料多余。为便于档案管理，按照"规范材料、统一顺序、防范缺失"的档案管理思路，创新推出小额农贷、小额居贷、小额个人抵押贷款、社保贷等贷款的档案文本，通过信贷资料套装与粘贴相结合，简化了贷款产品所需的资料，进一步缩短了贷款办理时间。

4.5.2 多措并举，做强渠道建设

（1）建立社区普惠金融服务站。

随着城市化进程加快，城区市场蕴藏着前所未有的潜力和发展机遇。它是金融机构的必争之地，也是未来的主战场。在如此形势下，如何利用现有优势实现效用最大化是我们需要思考的问题。当下，建立社区普惠金融服务站很有必要。

以信丰县为例，2015 年 8 月，江西银行在县域中心桃江御景小区门口挂牌成立了"江西银行信丰桃江御景社区支行"，是当时信丰县唯一的社区银行。该行在经营期间常态化配置 3 名工作人员，主要职责是受理个贷、办理信用卡、销售理财等非现金业务，现金业务则由客户在厅内的 ATM 机上自助办理。该行已于 2020 年 8 月注销关停。为避免重蹈覆辙，信丰农商银行通过建立普惠金融服务站作为城区网点的补充，实施网点向社区银行营销与管理的转型，构建充分互动、贴近客户、客户信赖的支行服务营销体系，提升支行服务辖区客户的满意度和认可度，增强支行销售服务和客户管理能力，实现支行功能由推销交易型向营销服务型转变，全面提升支行核心竞争力，最终实现市场占有率的稳固和提高。

普惠金融的目标是让更多人享受到优质的金融服务。为进一步提高普惠金融覆盖面，推进支农支小工作，面对农村"空心化"严重、城区客户对接难的问题，2021 年，时任信丰农商银行董事长谢宜球提出将农商银行打造为有温度的银行，让客户走进银行如在家里一样亲切，见到农商银行的员工如家人一样亲近。该行在网点社区银行优化的基础上，紧盯人员流

向，结合低效网点改造，利用闲置门面，优化网点布局、服务辖区、竞争策略，在县城社区设立二十多家以"茶艺、读书、影院、联盟、音乐"为主题的特色社区普惠金融服务站，除了有员工值守提供基础金融服务外，还设置休闲区域，配备书报等附属物品，并提供奶茶，让客户既能享受基础金融服务，又能享受贴心的服务，让普惠金融服务站不仅成为"便民驿站"，而且成为农商银行获取信息、拓展客户的"前哨站"。社区普惠金融服务站除满足基础金融需求外，为商户和社区居民提供了交流平台，日益发展为社区居民休憩交流、小型邀约对接等活动的聚集地，如图4－2所示。

图4－2 信丰农商银行在社区普惠金融服务站开展活动

（2）定期召开普惠金融对接会。

在推进普惠金融发展的过程中，该行深感其艰巨性和复杂性。随着乡村振兴战略的推进，农村地区的金融需求日益旺盛，但许多地区仍存在金融服务的空白。该行认识到，要真正实现普惠金融的目标，必须深入了解农村的实际情况和需求，与当地村民建立紧密的联系。

为了更深入了解农村地区的金融需求，更有效地推广普惠金融理念，该行创新推出了普惠金融小型对接会，将对接会人数标准调整为10人以下，极大地提高了客户经理组织召开活动的可行性。人数的降低，也减少了对接会对场地的限制，村委会、村民家中、公职人员办公室，甚至一家奶茶店，都可成为农商银行工作人员开展小型对接会的场所。这种不受时间、空间限制的活动灵活多样、组织方便，随时随地可以举行，成了对接拓展客户的"轻骑兵"。

通过定期召开普惠金融进村小型对接会，该行取得了显著的成果：一方面，更加深入地了解了农村地区的金融需求，为后续的金融服务提供了宝贵的参考；另一方面，使农户对普惠金融有了更深刻的认识，激活了他们对金融服务的渴求，强化了普惠金融的教育宣传。

（3）持续开展外出创业人员活动。

信丰是外出务工人员大县。近年来，随着全球化的发展和国内经济的转型，越来越多的信丰人选择在外地拓展业务，全县 76 万人中有 20 多万人在外创业，且基本都是中青年。农商银行作为信丰县域金融机构，应主动积极对接在外创业人员，为其提供全方位的金融服务。因而该行把外出创业人员对接工作列为普惠金融的重要组成部分。

针对创业人员在拓展业务过程中遇到的资金、结算、风险管理等方面的问题，农商银行积极创新金融产品，提供一系列的解决方案：如推出便捷的贷款产品，满足创业人员临时资金需求；依托老客户、乡村两级政府、在外商会、疫情防控数据等渠道，收集到了外出创业人员信息台账；以支部为单位，前往外出创业人员聚集地，采取灵活多样的服务方式为外出创业人员提供金融服务。

（4）开展裂变营销。

在贷款客户拓展过程中，信丰农商银行发现了一个传统营销模式的短板：一直以来发放贷款的单位都是家庭、户，风险防控的角度都是以家庭的资产、收入作为一个整体单位发放贷款，但实际上，客户的配偶、成年子女也会到其他银行乃至互联网贷款。这种风控模式既没有防范过度授信的风险，也扼杀了最容易实现的贷款客户裂变。

受互联网放贷的启发，针对传统营销模式的短板，信丰农商银行因地制宜，探索出了三个客户裂变模式：一是存量裂变，主要通过存量的贷款客户介绍、服务站联络员宣传推广进行裂变；二是家庭裂变，向家庭中其他有独立经济来源的个体，如配偶、成年子女等进行裂变；三是企业裂变，通过向代发工资企业、贷款企业上下游及其员工裂变。

4.5.3　有的放矢，引导做小做散

（1）单独计发考核奖励。

为调动客户经理做小做散的积极性和主动性，在绩效考核之外对客户经理当月新增的授信户数和用信户数计价，单独计发户数增长奖励。通过单列考核，明确员工的考核任务和要求，让员工对支农支小考核奖励"看得见、摸得着"，充分激发员工的工作激情，调动员工的工作积极性。

（2）定期排名考核通报。

为确保支农支小工作取得成效，该行将"支农支小"工作完成情况与支行长、客户经理末位淘汰机制和岗位调整挂钩，作为支行评先进、个人评优秀的重要依据。每月初对支行和客户经理新增授信户数、用信户数等数据进行排名通报，将支农支小作为支行综合考评和客户经理年度考核的重要指标，同时对季度末授信户数计划完成情况不理想且排名末尾的支行负责人和客户经理予以处罚。

（3）强化标准化操作执行。

该行关注小额农贷、小额居贷、小额个人抵押贷款等标准化贷款产品的操作执行情况，对违反标准化操作规定的，从重处罚，支行长与经办客户经理承担同等责任。通过强化标准化操作执行情况，建立支农支小客户黑名单，防止征信不良客户违规准入获得授信，进一步提升了贷款质量。

通过优化产品配套机制、做强渠道建设和引导做小做散，切实提高了客户经理乃至全行员工营销拓展小额贷款的积极性和主动性，极大地激发了全行员工发放单户100万元以内（尤其是30万元以内）贷款的热度和激情，培育了一大批黏性强、有潜力、能成长的小额贷款客户。通过资产业务拉动负债业务，存贷款规模及创利能力有了质的提升，实现了向高质量跨越式发展的迈进。

随着中国金融市场的不断开放和深化，银行业面临着前所未有的挑战和机遇。作为农村金融市场的重要力量，农商银行如何抓住机遇，应对挑

战,探索一条符合自身特点的发展道路,已成为当前亟待解决的问题。

第一,明确市场定位,发挥自身优势。农商银行作为地方性金融机构,在农村金融市场具有较大的资源优势和品牌影响力。因此,农商银行应明确自身市场定位,充分发挥自身优势,以服务"三农"为己任,积极支持农村经济发展,推动乡村振兴。同时,要逐步优化业务结构,提高非农贷款的比重,拓展新的业务领域,提升自身竞争力。

第二,加强风险管理,提高资产质量。银行业务的发展与风险管理密切相关。农商银行应建立健全风险管理制度,加强内部控制和监督,提高风险防范意识,确保业务风险可控。同时,要加大对贷款风险的监测和预警,提高资产质量,降低不良贷款率,确保经营的稳健性。

第三,推动数字化转型,提升服务效率。随着互联网技术的不断发展,银行业务的数字化转型已是大势所趋。农商银行应积极推动数字化转型,加强科技创新,提升服务效率和质量。例如,可以开发手机银行、网上银行等线上服务渠道,提供便捷的金融服务;可以运用大数据、人工智能等技术手段优化业务流程,提高服务效率;可以加强与互联网企业的合作,拓展新的业务领域,提升自身竞争力。

第四,加强人才队伍建设,提升员工素质。银行业务的竞争归根结底是人才的竞争。农商银行应加强人才队伍建设,完善员工培训和激励机制,提升员工素质和业务水平。同时,要加大对高端人才的引进和培养力度,为自身的长远发展提供强有力的人才保障。

总之,农商银行要结合自身的实际情况来不断调整自己的发展道路,找到适合自己的市场定位,发挥自身优势,积极拓展新的业务领域,提升自己的竞争力,并不断完善自身的风险管理制度,确保经营的稳健性,积极应对各种挑战,抓住机遇,迎难而上,走持续发展之路。

5 坚守定位 践行使命

随着全球经济的不断发展，金融行业面临前所未有的挑战。在这个变革的时代，农商银行始终坚守市场定位，以普惠金融为己任，积极履行社会责任，为经济社会的和谐发展作出了重要贡献。

农商银行坚守市场定位，践行普惠金融的初心使命，是金融业发展的必然要求。普惠金融强调金融服务的普及性、平等性和可持续性，旨在让更多的人享受到优质的金融服务。农商银行作为地方性金融机构，具有服务基层、贴近群众的优势，更应该将普惠金融理念贯彻到日常经营中，为实现金融服务的公平与普及贡献力量。

农商银行坚守市场定位，践行普惠金融的初心使命，有利于促进地方经济发展。普惠金融重点支持中小微企业、农民和低收入群体，通过提供多样化的金融产品和服务，满足他们的合理金融需求，从而激发经济发展的内生动力。农商银行作为地方金融力量的重要组成部分，贯彻落实普惠金融政策，有助于推动地方经济的繁荣与发展。

农商银行坚守市场定位，践行普惠金融的初心使命，有利于提升银行自身竞争力。在竞争日益激烈的金融市场，农商银行只有不断拓展服务领域，创新金融产品和服务方式，提高专业化、差异化服务水平，才能在竞争中立于不败之地。

5.1 坚守定位的时代要求

近年来，农商银行面临日益激烈的市场竞争，国有大行及股份制银行下沉，争抢农村客户，息差逐步收窄，蚕食农商银行的生存发展空间。为应对竞争，农商银行只有进一步下沉工作重心，立足县域农业人口众多、农业产业多样化、中小微企业活跃等特点，不断增强支农支小的战略定力，践行普惠金融，做深、做细、做透本土市场，才能行稳致远。

5.1.1 践行市场定位

农商银行因农而生、助农而兴。在新中国成立70多年来的发展历程中，无论管理机制如何改革，企业名称如何变更，支农支小的市场定位坚如磐石，并与"三农"及中小微经济体建立了长期稳固、合作共赢的关系，拥有得天独厚的优势。随着新时代乡村振兴战略的推进，作为乡村市场的主体，"三农"和中小微经济体必将迎来新的发展机遇和更加广阔的市场，金融业服务的空间将越来越大，农商银行支农支小的市场定位优势也将更加凸显。这就要求农商银行要始终坚持守正创新，准确研判经济社会发展趋势和乡村演变发展态势，抓住历史机遇，顺势而为，不断探索支农支小的新路径。只有这样，才能保持发展的优势，否则就会步履维艰，甚至面临风险。

5.1.2 时代发展要求

"民族要复兴，乡村必振兴。"近年来，中共中央一号文件一直强调农业现代化和乡村振兴，进一步体现了农村农业农民的重要性，为县域金融机构指明了前进发展方向。在中共中央、国务院的高度重视下，一大批利农、惠农的政策相继出台，全国各地人民正努力朝着习近平总书记提出的"让农业成为有奔头的产业，让农民成为有吸引力的职业，让农村成为安居乐业的美丽家园"美好愿景不断前行。农商银行应抓住这一历史机遇，以较少的成本早日推行普惠金融，早日占领乡村市场，早日锁定农民客户，否则将来肯定要事倍功半，甚至被市场所淘汰。

5.1.3 发挥竞争优势

近年来，随着国有银行和各大股份制银行进一步下沉工作重心，尤其是以阿里、腾讯为首的互联网金融的强势崛起，当前传统银行业竞争已经由单纯的存贷款竞争转变为以客户资源争夺为主的综合竞争了。

在资金、产品、人才、科技等方面处于劣势的农商银行正在逐渐失去辖内高端客户、年轻客户、外出创业人群等传统固有客户资源。而农商银行具有的点多面广、机制灵活、情系居民的地缘、人缘、亲缘等传统优势亦是其他竞争者所不具备的。因此，巩固发挥自身优势，坚守市场定位，在细分的支农支小市场上走差异化竞争道路，形成核心竞争力，才能实现自身的可持续发展。

5.2 营造氛围，做小做散

随着国家对乡村振兴和中小微企业发展的不断重视，农商银行作为服务农村经济发展的重要力量，需要营造支农支小的工作氛围，以更好地满足乡村振兴和中小微企业发展的金融需求。在营造支农支小的工作氛围方面，农商银行仍存在一些问题。

首先，员工对支农支小政策的理解不够深入，缺乏主动服务意识。其次，农商银行在产品创新和市场营销方面缺乏针对性，无法满足农村和中小微企业的多样化需求。最后，农商银行在履行社会责任方面力度不够，缺乏对农村和中小微企业的全面支持。

支农支小是农商银行的根本任务和使命。农商银行作为农村金融的主力军，需要关注农村经济的发展，为农村居民和中小微企业提供优质的金融服务。通过支农支小的实际行动，农商银行可以促进农村经济的繁荣发展，提高农村居民的生活水平，推动乡村振兴战略的实施。

5.2.1 工作氛围

发展农商银行需要银行领导层、中层干部和普通员工三个层面同时努力。首先，银行领导层需要认识到支农支小的重要性，制定相应的政策和战略，鼓励和支持员工开展支农支小工作。其次，支行长、部门负责人等中层干部需要认真贯彻领导层的决策部署，强化支农支小的执行力度，将支农支小落到实处。最后，普通员工需要加强支农支小意识的培养，提高金融服务水平，根据客户需求不断改进工作作风。

5.2.2 制度建设

农商银行需要建立完善的支农支小金融制度体系，明确支农支小工作的目标和任务，制定科学合理的考核评价机制，激发员工开展支农支小工作的积极性和主动性。同时，加强风险管理和控制，确保支农支小工作的可持续性和稳健性。

5.2.3 文化建设

农商银行需要注重支农支小文化的培育和发展。通过宣传教育、培训学习等方式，加强员工对支农支小工作的认识和理解，使员工充分认识到支农支小工作的重要性和使命感。同时，积极引导全行员工做小做散，尤其是提高网点发放小额信用贷款的积极性和主观能动性。

（1）注重农户需求。

以农户的实际需求为出发点，深入了解他们的金融需求，提供灵活、方便的贷款服务，满足他们的生产、生活需要。同时，秉承服务至上的理念，全心全意为农户服务，让他们享受到更优质的金融服务。

（2）注重风险防控。

利用农商银行的优势，建立科学的风险评估体系，确保每笔贷款都能够按时、足额收回。同时，注重农商银行的持续发展，通过创新金融产品和服务，提高风险管理水平，实现可持续发展。

（3）注重创新驱动。

农商银行在开展小额信用贷款工作时，应根据不同地区、不同农户的具体情况，因地制宜地制定合适的贷款政策和措施；积极创新，探索出符合当地实际的贷款模式，满足不同农户的多样化需求；同时，注重与其他金融机构的合作，共同推进农村金融事业的发展。

（4）注重诚信经营。

"信用为本，合作共赢"的诚信经营原则是农商银行的生命线。在开展小额信用贷款工作时，农商银行应坚持诚信经营的原则，遵守市场规则，不进行恶性竞争；同时，合规操作，严格按照相关法律法规和内部规定进行贷款审批和发放，确保贷款过程的合法性和公正性，杜绝操作过程中的道德风险。

通过营造良好的工作氛围，农商银行可以更好地满足乡村振兴和中小微企业发展的金融需求，提升自身市场竞争力。同时，这也有助于推动农村经济的繁荣发展，提高农村居民的生活水平，实现乡村振兴战略目标。因此，农商银行应持续加大支农支小的工作力度，为促进农村经济发展作出更大贡献。

5.3 整村推进，深耕农区

5.3.1 整村推进收集信息

农商银行整村推进的特点在于其强大的服务覆盖能力和精准的金融服务，可以凭借深厚的本土优势，将金融深入到农户家门口，让村民足不出户就能享受到基础的金融服务。通过整村推进有利于优化农村金融资源配置，提高金融服务效率，助力乡村振兴。延续长期以来农商银行深入基层、深入农村的传统，通过一线客户经理广泛的人缘、地缘、亲缘优势，逐步开展整村推进工作，逐村逐户走访调查；根据收集到的辖内客户信息，通过价值分享，发挥村干部、金融服务站、金融联络员的媒介作用；通过收集客户情况，多方面沟通了解，确定每户家庭每个成年适龄农户的行业、资产、收入及品行信誉等基础信息。

5.3.2 白名单与线上系统结合

针对信誉良好的客户，设置白名单，因为这些农户信誉良好、评价较高、还款来源较为可靠。设定农户白名单评级的标准，根据一线客户经理整村推进收集到每户家庭每个成年适龄农户的行业、资产、收入及品行信誉等基础信息进行筛选，确立贷款客户授信白名单，以电话、短信等方式告知客户已获得农商银行贷款准入，白名单客户只需要在手机银行等线上系统入口点击，线上系统查询其征信状况后即可获得相应的授信额度。

通过实行白名单制度和线上系统结合，在合理控制贷款风险的同时，实现了不接触办贷；通过线上系统自动处理贷款申请，快速审核、放款，提高了业务处理效率；同时通过对农户信用数据的分析，更加准确地评估贷款风险。白名单与线上系统结合，可以提高业务处理效率和风险管理水平，优化用户体验，更是有利于扩大贷款覆盖面和提升客户满意度。

5.3.3 动态调整授信白名单

授信白名单不是一成不变的。随着经济环境和借款人经营状况的变化，白名单也应当进行相应的调整。为防范信贷风险，对于进入白名单内的客户，农商银行要定期对其经营情况和信用状况进行监测，辖内一线客户经理要持续开展"精准四扫"（扫园、扫村、扫街、扫户）、持续走村入户，及时了解辖内农户经营、负债、涉诉涉案等有关情况，对辖内农户经营产业、资产负债、收入、品行信誉等基础信息有变动乃至涉诉涉案的，要进行实时调整。一线客户经理应及时掌握市场变化和风险预警信息，同时结合贷款客户到期还本付息情况，对贷款客户授信白名单执行动态调整，并采取相应的风险控制措施。

同时，农商银行需要对白名单进行动态扩容，对于一些具有发展潜力且信用改善的农户，可以适时纳入白名单，为其提供快捷的金融服务。农商银行还应根据不同行业的经济发展需要，对白名单进行结构调整和优化。

5.3.4 对接外出创业人员

江西省内多个地区都有较多人口在外务工创业，且中青年较多。这个群体在务工创业地难以满足有效的融资需求。因此，农商银行只要肯走出去，就会有大量需求。外出创业人员的对接工作，应成为农商银行普惠金融的重要组成部分。依托老客户、乡村两级政府、在外商会、疫情防控数据等渠道，收集到外出创业人员信息台账，由网点、支部、总行组织，多层次、常态化前往外出创业人员聚集地，以灵活多样的服务方式为外出创业人员提供金融服务。

为防止盲目开展工作，外拓活动前应制订好实施方案，做好出发前的准备，提前掌握辖内在外创业人员的地址、联系电话，根据人员分布的地域、行业特点来确定对接范围和分工。工作小组在出发前应在客户群、商会群、村集体群等做好宣传，并每天转发朋友圈，扩大对接工作知晓面，做好需求信息收集，扩大营销拓展工作成效。

5.3.5　构建农村金融信用体系

普惠金融的实质是扶持弱势群体且实现自身可持续发展的金融体系。在当下，农村金融信用体系的发展已经成为一个亟待解决的问题。党的十八届三中全会明确提出"发展普惠金融，鼓励金融创新，丰富金融市场层次和产品"。2016 年以来，中国普惠金融发展进入加速期。在我国，服务"三农"和中小微企业是现阶段普惠金融最重要的任务，是推动整个普惠金融的重点所在。农商银行作为服务农村市场的主要金融机构，在推动农村金融信用体系构建中具有不可替代的作用。

农商银行应做到以下几点：第一，加强与政府、人民银行等单位沟通协调，开展信用乡镇、信用村、信用户创评活动，发挥信用信息服务农村经济主体融资功能，推动农村信用担保体系的建立。第二，加强与法院等政法单位信息沟通，充分发挥金融法庭作用，提高金融案件诉讼结案率，通过失信联合惩戒机制，提高信用意识，优化农村金融生态环境。第三，稳步推进农户、家庭农场、农民合作社、农业社会化服务组织、农村企业等经济主体电子信用档案建设，多渠道整合社会信用信息，完善信用评价与共享机制，促进农村地区信息、信用、信贷联动。第四，通过设立普惠金融服务站扩大金融服务覆盖面，通过定期开展金融知识普及和宣传教育活动提高农村地区金融知识水平，对整村授信过程中收集的农户基础信息，利用大数据技术建立较为完善的农村信用评价体系，为农户提供公平、合理的金融服务。

5.4 划分网格，力拓城区

5.4.1 贴近客户，拓展社区银行

（1）用好普惠金融服务站。

服务站作为银行业务延伸的重要阵地，是"城区市场寸土必争"的关键突破口，能够直接触动社区的各个角落，为社区居民提供便捷、高效的金融服务。以"茶艺、读书、影院、联盟、音乐"为主题的特色社区普惠金融服务站，除了满足基础金融需求外，还可为商户和社区居民提供交流的平台，有助于提高普惠金融覆盖面，破解"农村空心化"和"农民市民化"过程中一些客户服务接续不便和关系维护脱节等难题。

（2）建立多方联动机制。

建立"网点—社区、网点—居（村）委会、网点—商会、网点—服务站、网点—联络员、网点—商户、网点—居民"等多方联动机制。银行员工定期深入社区、企业向大家普及理财、贷款、打假、防诈骗等金融知识，定期举办社区宣传、宣讲活动，开展金融教育；同时邀请社区居民到网点或普惠金融服务站体验创新业务，现场指导居民办理业务等，因地制宜开展一系列人性化的贴心活动，增加与社区、商户、企业的感情及黏性。

（3）开展党建共联共建。

农商银行在党建共联共建中拥有强大的资源整合优势，能够与各方合作伙伴实现信息共享、资源共享。通过党建共联共建，有助于加强农商银行与外界的交流合作，充分发挥基层党组织的战斗堡垒作用，提升金融服务水平，实现互利共赢。通过与当地政府、企事业单位、社区等党组织的紧密合作，以建设城市社区普惠金融服务站等渠道为抓手，开展党建共建联建，实现双方优势互补、资源共享，加强互动，增进了解，共同推进多元化、全方位的金融服务，满足广大社区客户日益增长的金融需求，破解社区门难进、人难见的难题。

5.4.2 对接网格，常态营销走访

（1）划分社区网格。

为减少农商银行城区支行网点的内耗，提升服务质量，应深耕细作服务辖区的市场。以社区、楼盘、街道为基础，以便于金融服务对接和就近便民办事为原则，明确划分好各个城区支行及各客户经理的对接管理网格区域，便于深入挖掘相应网格社区居民、商户和中小微企业潜力。

（2）完善网格信息数据。

随着数字化的到来，数据已成为银行持续发展的重要资源。网格居民基础数据信息完善工作，旨在通过系统化、精细化的数据采集、整理、分析和应用，全面提升农商银行对客户需求的理解和把握，为居民提供更为精准、个性化的金融服务。通过网格包片网点客户经理开展常态化对接营销及活动管理，同时对接公安、社保、医疗等多个部门，实施网格化信息采集，获取并整合居民在生活、工作中的各类数据。

（3）发挥本地员工优势。

通过聘请一个社区工作人员作为网格联络人，让员工更快熟悉本地市场，辅助社区银行拓展业务，明确每个网格均要落实一名网格管理员和一名网格联络人，形成"一个社区网格 + 一名网格管理员 + 一名网格联络人"的营销管理模式。建立好支行网格化营销管理队伍，每个网格的网格管理员应对所管辖的网格开展常态化的走访对接和循环走访对接。网格化营销队伍的建立，有助于农商银行营销力量更加集中，能够快速、准确地覆盖目标市场。

5.5 细分市场，专攻园区

5.5.1 细分园区市场

园区市场作为县域经济发展的重要载体，对于农商银行来说无疑是极具潜力的重要战场。园区有诸多规上（规模以上）和规下（规模以下）企业，但并不是所有的企业都是农商银行的客户。部分新成立的、大型规上

企业、上市公司等，或存在较高风险，令农商银行难以识别；或融资数额巨大，令农商银行无法满足。在对接园区企业的过程中，农商银行应坚守自身定位，坚定践行普惠金融，强调服务"三农"和中小微的核心价值观，结合自身实际情况，细分市场，筛选出符合农商银行对接准入条件的企业名单，将名单细分至各个网点再进行逐户对接走访，审慎受理单户500万元以上（尤其是单户1000万元以上）企业贷款，而不是一味贪大求全，浪费精力和资源，酿成风险。

5.5.2 提升专业水平

农商银行客户经理在对接园区企业的过程中普遍存在业务水平不足的短板：一方面，在对接过程中，由于对自身产品掌握了解不足，导致未能契合企业的实际需求；另一方面，未能充分了解企业潜在或已经产生的风险，导致无法给予确定的贷款额度，通常是根据经验乃至对接时的心情确定授信额度。更有甚者，由于未能充分识别企业的风险，在企业濒临破产，资产已经被转移、冻结、划扣后，农商银行才发现风险。由于大部分企业存在经营上的关联交易和股权上的关联情况，容易产生交易风险和法律风险，农商银行相关客户经理应当全面了解掌握相关法律风险和交易风险的识别、判断方法。这对于提升相关园区企业贷款受理经办人员的贷前调查水平很有必要。

5.5.3 强化贷后管理

在当前的经济环境下，农商银行在园区企业的贷款业务中扮演着举足轻重的角色。然而，面对复杂多变的金融市场环境和日益严格的监管要求，如何确保贷款的安全性，防止不良贷款的产生，已经成为农商银行需要面对的重要问题。其中，加强对园区企业贷款贷后检查的重要性不言而喻。

农商银行应针对客户经理开展系统性的专业培训，包括企业财务报表分析、风险评估、贷后检查技巧等方面。通过培训，使客户经理能够熟练掌握企业财务报表的分析方法，准确评估企业的还款能力和风险状况，提高贷后检查的针对性和准确性。

与一般的农户、居民贷款不同，园区企业贷款金额较大，现金流和关联交易较多，风险较为隐蔽。因此，管贷责任人应加大对园区企业贷款的贷后检查力度，了解企业的生产经营情况、资金流向和还款能力，及时发现风险隐患，为后续的风险防控提供有力支持。

在金融领域，农商银行以其独特的地位和作用，已与广大农民、中小微企业及社区居民的生产生活紧密地联系在一起。农商银行作为我国农村金融的主力军，始终坚守着市场定位，以服务"三农"为己任，积极践行普惠金融的初心使命。面对金融市场的风云变幻，农商银行始终不忘初心，坚持扎根农村，以普惠金融为抓手，积极助力乡村振兴。农商银行坚守市场定位、践行普惠金融的初心使命具有重要意义。它是金融业发展的必然趋势，有利于促进地方经济发展和提升银行自身竞争力。面对未来，农商银行应继续秉持普惠金融理念，发挥自身优势，创新金融服务模式，为实现金融服务的公平与普及作出更大的贡献。

6 社区银行 拓展零售

随着城市化进程加快，城区市场蕴藏着前所未有的潜力和发展机遇。它是金融机构的必争之地，也是未来的主战场。在如此形势下，如何利用现有优势实现效用最大化是农商银行需要思考的问题。

纵观所有发展因素，客户拓展是稳固市场份额、实现长足发展的必要前提和重要保证。由于互联网的快速发展，越来越多的客户，特别是年轻客户习惯于手机式点单服务，越来越不愿意踏进银行网点办理业务。如何维系老客户和寻找新客户，成了农商银行要探讨的问题。对社区银行建设的实践探索就是在此背景下开启的。

6.1 对社区银行的认识

社区银行概念来自美国等西方金融发达国家。社区银行是资产规模较小，在特定区域内设立，为区域内中小微企业和居民家庭提供金融服务的地方性小型商业银行。有形的社区银行是指物理网点，包含现有的社区普惠金融服务站和城区的营业网点；无形的社区银行是指客户经理、商户、社区干部。以往在社区里设立小型营业网点，延长营业时间，希望提升客户办理业务的方便性的运作模式，已然不适应当前业务发展。

随着金融市场的不断发展，社区银行在金融服务中的地位日益凸显，在支持地方经济发展、服务中小微企业和家庭客户方面具有独特优势，它致力于满足本地居民的金融需求，提供个性化的金融服务。社区银行的核心在于"社区"，即银行服务的地理区域，以周边的居民区为服务对象，专注于本地的金融服务。这意味着社区银行能够在更深的层面上理解和满足特定社区的需求。

社区银行的运营模式也具有其独特性。它通常会雇用熟悉本地情况的员工，因为他们不仅具备丰富的地域知识，而且能够与当地居民建立紧密的联系。这种联系使得社区银行能够更好地了解客户的需求，提供个性化的服务。此外，社区银行的决策过程往往更加快速和灵活，能够迅速应对本地市场的变化。

社区银行的优势在于其本地化的服务。由于对本地市场有深入了解，社区银行可以提供更符合当地居民需求的产品和服务，能够根据客户需求和信用状况快速作出决策。社区银行注重为客户提供多样化的金融服务，包括理财、保险、贷款等。同时，社区银行会根据客户需求和风险程度，提供合适的金融产品和服务方案。这种个性化服务能够满足客户的差异化需求，提升客户满意度。此外，社区银行的运营模式也更具可持续性，因为它将利润用于本地投资，推动了本地经济的发展。

然而，社区银行也面临着一些挑战。由于规模较小，社区银行的抗风险能力相对较弱。此外，由于依赖本地市场，社区银行的业务可能会受到市场波动的影响。

总的来说，社区银行是一种以本地社区为中心的金融服务模式。它通过提供个性化的、可持续的金融服务，满足本地居民的金融需求。尽管面临挑战，社区银行在满足本地需求和推动本地经济发展方面的作用不容忽视。在今后的发展过程中，社区银行应继续发挥其区域优势和专业特长，不断创新金融服务产品，提升服务质量。同时，社区银行应积极紧跟科技发展，运用互联网技术和大数据分析，优化业务流程，提升风控水平，更好地满足客户需求。

社区银行是依托现有物理网点及县域社区普惠金融服务站，并在改进运营管理现状的基础上，结合国内同业社区银行运营的先进经验，实施网点向社区银行营销与管理的转型，构建充分互动、贴近客户、客户信赖的支行服务营销体系，提升支行服务辖区客户的满意度和认可度，增强支行的销售服务和客户管理能力，实现支行功能由推销交易型向营销服务型转变，全面提升支行核心竞争力，最终实现市场占有率的稳固和提高。

6.2 社区银行建设思路

6.2.1 网格分区，深耕细作

（1）优化网点布局。

社区银行主要开设在大型居住社区、郊区中心城镇等社区密集、人流量大的地带和中小微企业聚集区，方便居民和中小微企业办理业务，努力成为社区居民和中小微企业"家门口的银行"。因此，农商银行应充分重视网点布局，针对商业区所设网点过于集中、机构重叠、网格划分不利于对接客户的情况，对网点地理位置进行优化。

社区银行建设应结合网点以及周边客群特征实施差异化布局、标识、风格配置的模式，在开放式区域设立一对一的业务受理和咨询服务台，也可在营业区域设立儿童游乐区、社区活动室、社区书吧、维权调解室等活动场所，与广大社区居民一起开展各种文化、休闲活动，共建和谐社区，营造温馨如家的感觉。

（2）优化竞争策略。

社区银行就是要在主战场找准并坚守好"战位"，通过改变竞争策略，认真做好市场调研，分析其他金融机构产品的优势和特点，依靠灵活的利率定价办法，不盲目打利率战，抢滩城区市场，科学合理调剂客户经理的地域配置，适当减少农区网点人员，增加城区力量，缓解当前一些客户经理在农区吃不饱、在城区吃不了的矛盾。紧密联系社区居民，把普惠金融服务站建到社区、商圈里，赋予服务站更多功能，让其在为群众提供基础金融服务的同时，又可以满足群众多元化需求，增加客户黏性，实行错位经营，走出一条差异化道路。

6.2.2 建设渠道，交融情感

（1）用好普惠金融服务站。

普惠金融服务站有助于扩大普惠金融覆盖面、破解城区客户对接难的难题，成为农商银行"城区市场寸土必争"的关键突破口。以"茶艺、读书、影院、联盟、音乐"为主题的特色社区普惠金融服务站,除了满足基础金融需求外,还为商户和社区居民提供了交流的平台,有助于破解"农村空心化"和"农民市民化"过程中一些客户服务接续不便和关系维护脱节等难题。

普惠金融服务站拉近了银行和社区居民的距离,通过一杯奶茶的温暖,加深银行与客户之间的相互依存度,提高社区银行品牌的知名度,提升客户体验。以收款码、信用卡、社保卡"保号换卡"推广为契机,整合渠道资源,努力打造全方位、一站式的线上线下高度融合的金融服务体系,形成互动密切的"场景 + 交易 + 生活"金融服务生态圈。

(2)强化互动情感交流。

农商银行在借助科技力量的同时,应充分发挥地方法人机构的传统优势,发挥支行网点覆盖乡村、社区、居民的资源优势,提供"千人千面"的差异化服务,以差异优势打造形成行业特色。客户经理走街串巷应成为常态——经常走社区、拓园区,强化与客户之间的日常沟通交流,增强与客户之间的情感联系,在提供金融服务的同时多一分关心、多一度温暖。

(3)加强服务体系建设。

社区银行应拓宽对接营销方式,加强普惠金融服务体系建设,对每个社区网格建立起工作联络员体系,发挥好社区(村组)干部、物业保安、合作商户等社区联络人的积极作用,使农商银行金融服务更亲民化、社区化,网格化营销管理工作信息响应更畅通、更高效。应善于融入社区、懂得分享,对普惠金融服务站、网格联络员成功对接客户有效信息,或成功推荐授信新客户。社区银行应坚持价值分享,采取按户计酬的方式,与合作商户开展联合营销活动,相互引入、连接、推荐客户,促进各自客户群体拓展和业务融合发展。

6.2.3 多方融合,共建共联

(1)建立多方联动机制。

社区银行建设立足社区,通过建立与"网点—社区、网点—居(村)委会、网点—商会、网点—服务站、网点—联络员、网点—商户、网点—

居民"多方联动机制,以总行的名义加入各商会,成为副会长单位。一方面,将金融知识普及到社区,银行员工定期深入社区、企业向大家普及理财、贷款、打假、防诈骗等金融知识,定期举办社区宣传、宣讲活动,推进金融消费者教育活动;另一方面,邀请社区居民到网点或普惠金融服务站体验创新业务,现场指导居民办理业务等。农商银行员工将自己看成社区的一分子,主动融入社区,因地制宜开展一系列人性化的贴心活动,增进与社区、商户、企业的感情及黏性。

(2)开展党建共联共建。

与社区网格党支部开展党建共联共建,以建设城市社区普惠金融服务站等渠道为抓手,与各社区开展党建共建联建,实现双方优势互补、资源共享。一是在站内设置便民咨询区、便民服务区、普惠金融知识宣传区、金融政策宣传区、银社党建共建区等区域,提供征信查询机、智慧柜台、点钞机、社保卡制卡机等便民机具,可进行预约金融服务、征信查询、业务办理等业务;二是网点党员与社区网格员互派互动,共同开展包粽子、茶话会、养生健康讲堂、金融知识讲座等活动,有助于破解社区门难进、人难见的难题。通过做实网格化走访,让银行客户经理成为社区的"金融风险联络员",社区网格管理员成为银行的"业务信息员",实现"双网融合"。借助主题活动,加强互动,增进了解,实现共赢。

6.3 社区银行运营思路

6.3.1 提供差异化金融服务

各个社区银行应根据所在社区网格的特点,实行"一行一策"的差异化社区银行发展之路。凭借社区银行法人决策链短、业务办理速度快等优势,积极为辖区内商户及中小微企业提供贷款业务,扶持商户和中小微企业发展。在满足客户融资需求的同时,培育客户忠诚度,推动农商银行各项业务发展,实现双赢。同时建立一对一竞争机制,每个社区银行对应一家金融机构,全面了解他行的产品和信息。

按照一个团队服务一个行业的理念,将社区银行差异化、特色化,要让农商银行"专精特新"的网点在服务社区、园区、商区中涌现；要按照一个产品覆盖一类客户群体的思路，推出契合社区居民需求的"新市民贷""信速贷"等信贷产品，用好助企纾困的贷款产品和减费让利政策。

6.3.2　完善网格信息数据

社区银行实施网格化信息采集，即以每个社区银行为中心，将周边社区、市场分割成多个网格，每个网格对应具有相同特征的用户群体。无数的网格终将组成一张可以覆盖所有群体的大网，充分触及每一个细分的客户群体，形成"社区有网，网中有格，格中有人，人负其责"的营销管理局面。

通过社区银行开展常态化对接营销及活动管理，将采集到的客户信息录入客户电子档案管理系统，实现对客户多维度的分析和筛选，细分客户需求，从而使有限的营销资源发挥出最大的效用，实现真正的精准营销，并不断提升普惠金融服务水平与增加产品市场份额。

6.3.3　发挥本地员工优势

社区银行要发挥更大的作用，其员工必须十分熟悉本地市场，这将非常有利于营销较高风险的中小微企业贷款，使信息不对称程度相对大银行和原有的网点运作模式而言更小，风险识别能力更强。这使得社区银行在对中小微企业贷款中获得比其他银行更大的安全空间。

要让员工熟悉本地市场，可以聘请一个社区工作人员作为网格联络人，辅助社区银行拓展业务，明确每个网格均要落实一名网格管理员和一名网格联络人，形成"一个社区网格 + 一名网格管理员 + 一名网格联络人"的营销管理模式。建立好社区银行网格化营销管理队伍，每个网格的网格管理员应对所管辖的网格开展常态化的走访对接和循环走访对接。

6.4　社区银行建设考核

6.4.1　开展社群活动

社区银行应按月制定好对接管理网格区域的营销活动计划，每月开展一次以上社区营销活动，如商户联谊会、趣味活动会、小型沙龙讲座、异业合作联盟等各种形式的新客户营销活动，并及时对每场营销活动做好经验总结。

每个网格管理员利用线下线上各类营销活动方式，收集并录入有效的新客户信息，每周回访已建档信息客户，并充分分析、挖掘新老客户信贷需求，大力拓展小额居贷等信贷产品。

社区银行按月量化客户经理辖区各个社区网格的扫户任务，每周监督，按月更新，公开各个网格的对接营销进度，动态分析情况，认清存在的问题，及时掌握工作进度，解决发展中出现的突出问题。

6.4.2　量化营销业绩

由社区银行的负责人、客户经理对服务片区的居民、商户、中小微企业进行三包，即"包片、包户、包成效"，要求包户客户经理于规定时间内在服务片区开展贷款授信、收款码营销、手机银行推广、信用卡办理等各项金融产品的综合营销工作。同时通过与公安、社区等一起张贴反诈宣传牌、岗位监督牌等方式，让社区居民、商户知晓具体负责包片的银行员工姓名及其联系方式，借助定期开展的社群活动，产生"混个脸熟"的效果。

通过量化营销业绩，强化对社区银行建设的考核，如有效客户信息对接、授信户数、授信面、社区营销活动等指标，按季进行工作进度考核通报，并纳入社区银行、客户经理年终综合考评，顺利推进社区银行转型建设。

社区银行以社区为依托，为当地居民和企业提供便捷、专业的金融服务。通过深入了解社区需求，社区银行能够灵活调整服务策略，满足客户的个性化需求。这不仅能提高客户的满意度，而且能为银行带来更多的业务机会。通过为社区居民提供贴心的金融服务，农商银行能够更好地融入社区，成为居民信赖的合作伙伴，这将为银行带来更广泛的市场认可，为未来的发展奠定坚实的基础。

建设社区银行是农商银行发展道路的重要探索。农商银行通过建设社区银行，深入了解社区居民的需求，为社区居民提供特色化、差异化的金融服务，加强与社区居民的沟通和互动，更好地适应市场需要、服务当地经济，满足客户多元化需求，提高市场竞争力，实现可持续发展。

7 精细管理 效益为先

毫无疑问，农商银行作为国家金融机构的重要组成部分，对促进农村经济发展的作用不容忽视，也是推动基层经济发展的重要力量。然而，受金融危机影响，农商银行发展受到一定限制，致使其面临更严峻的金融风险，且利率市场化也无法避免金融危机的影响，使得利率市场化发展产生重大改变，在利差息差收窄的形势下，农商银行面临新的机遇和挑战。

1.80%被普遍视为银行维持合理利润的净息差参考线。2020—2023年，农商银行的平均净息差持续收窄，从2020年的2.49%降至2023年的1.90%，在2024年第一季度更是跌破净息差参考线至1.72%。2020年至2024年第一季度净息差详见表7-1。

表7-1 2020年至2024年第一季度净息差

净息差	2020年	2021年	2022年	2023年	2024年第一季度
银行业平均/%	2.10	2.08	1.97	1.69	1.54
农信系统平均/%	2.49	2.33	2.10	1.90	1.72

农商银行与农村地区的经济产业结构深度融合，若农商银行应对挑战的能力不足，不仅会增加农商银行风险，而且会影响基层地区经济的发展。在当前利率市场化大背景下，农商银行质量效益下滑明显，息差收窄已是大势所趋，仅追求存贷规模的增长已然不能实现收入利润的增长，因而需要平衡规模和效益，实现高质量发展。

7.1 当前农商银行息差情况

农商银行是县域金融的主要力量。农商银行的主要收入来自存款项目及贷款项目，这两项业务在农商银行收益中占有重大比例。换言之，农商银行收益主要是靠低存款利息及高贷款利息间的差值，以其收益角度来看，两者间差值越大，农商银行获利将会越高。然而，在利率市场化环境下，存贷款利率不再通过中央银行定夺，而是由市场决定，从而使得各金融机构中竞争愈发激烈，过去将存贷利差作为重要收益渠道的业务项目遭到重大冲击。过于重视规模、份额收益，而在信贷投向、资产结构等方面又过于分散，再加上服务对象边界不清晰，资产负债及财务管理制度落后等原因，使得农商银行盈利能力不足，盈利质量不高。

7.1.1 贷款利率持续走低

自 2019 年推行 LPR 改革以来，LPR 屡创新低，在国家层面贷款利率走低的大环境下，对农商银行来说，还有来自国有大行的挑战。2019 年以来，政策持续引导国有大行在普惠金融领域发挥"头雁"效应，连续三年对国有大行普惠中小微贷款提出增速目标。在此背景下，国有大行加大了对县域市场的下沉力度，特别是借助自身利率优势，对县域优质客户实行"掐尖"策略，使得农商银行原有的市场空间和利率水平受影响，部分农商银行为了保住客户，提出了"让利不让市场"的策略，贷款利率进一步走低。

7.1.2 负债成本居高不下

农商银行在承受贷款利率持续下降压力的同时，还承受着来自负债端的成本增加。农商银行的负债构成主要包括个人存款、对公存款、同业负债、发行债券及向中国人民银行借款。然而，受利率市场化、竞争多元化、支付透明化、监管趋严化、居民资产理财化等因素影响，加之农商银行存在资本弱、渠道少、发债能力不足等短板，与国有大行和股份制银行相比，其获得低成本负债更加困难。以信丰农商银行为例，其负债主要来自个人存款，占该农商银行整体负债高达90%以上，且个人定期存款的负债占农商银行整体负债超过60%，而对公存款占比不到10%。这使得农商银行的负债成本居高不下，而当前付息率下降困难。

7.1.3 向实体经济减费让利

受经济下行影响，特别是三年来的疫情对实体经济的冲击，国家持续出台减费让利政策，帮助实体经济走出困境。农商银行作为地方最大的法人机构，认真贯彻落实人民银行、金管总局等监管部门的工作部署，坚持与实体经济同生共荣，进一步加大减费让利力度，在"两增两控"的监管要求下，贷款利率普遍降低100BP以上。自2019年开始，贷款收息率不可避免地开始逐年下滑，进而导致利差息差也逐年下降。

7.2 当前息差收窄存在的问题

7.2.1 农商银行盈利能力降低

随着我国经济产业结构转型，我国经济发展速度放缓，银行盈利水平大幅度降低。当前国家为了扩大内需刺激消费，不断降低贷款利率，而贷款利息收入是农商银行的主要收入来源，这无疑增加了农商银行在发展中的挑战。同时，国家继续深化财政金融领域内的改革，增强国有银行发挥金融领域内的普惠作用，对国有企业中小微贷款提出了要求。为了完成相关的目标任务，国有大行不断推动业务的下沉，凭借自身在利率政策等方面的优惠措施，筛选县域内的优质客户资源，通过银税联动等方式来选择目标放款客户，打破了传统农商银行的市场空间和利率水平。为了进一步拓展市场空间，农商银行不得不进一步降低贷款利率来增强其在市场上的竞争力，维护其客户群体的稳定性，这导致了农商银行盈利能力降低。伴随贷款利率降低，农商银行的利益进一步收缩，长期处于低盈利的状态增加了农商银行的财务风险，甚至影响了农商银行的整体竞争力。

7.2.2　负债成本相对较高

随着各大行不断对农商银行"掐尖刨根",加上客户流失、任务考核等多种因素,农商银行在存款增长和信贷投放中过度追求规模的增长,而忽视了质量效益的提高。

"存款立行",负债决定资产。在经济高速发展时期,有多少存款就可以放多少贷款。在此环境下,"存款立行"契合了规模效应。进入经济新常态后,在利差收窄的背景下,若存款付息成本居高不下,资产负债难以匹配,意味着存款越多成本越高、规模越大亏损越多,存款会变成累赘。在"存款立行"的理念下,为了完成存款营销任务,保持市场份额稳定,农商银行不得不推出比国有大行更高利率的存款产品,以实现规模的增长。

近年来,农商银行在同业竞争中最大的挑战是国有大行以低利率,甚至"超低"利率"掐尖"争夺农商银行的优质客户。为了留住优质客户,稳住市场份额,农商银行提出"让利不让市场",跟着国有大行下调利率,甚至打价格战。国有大行之所以能以低利率甚至"超低"利率抢占县域客户,缘于其客观优势:一是有资金成本的优势,包括负债渠道广和价格成本低;二是国有大行金融牌照多,盈利来源广。而农商银行80%以上的收入来源于传统利差,负债成本高,若跟随国有大行打利率价格战,这对以存贷利差求生存的农商银行来说是不可承受之"痛"。

农商银行贷款利率下降,导致盈利空间大范围收窄,除了要面临盈利风险以外,还需要面对较高的债务成本。农商银行存在资本弱、渠道少、发债能力不足等短板,因此在与国有大行竞争市场时通常处于劣势。农商银行80%以上的存款都来自个人,50%以上都为定期存款,并且有较多3年期定期存款和大额存单,增加了农商银行的成本。同时,农商银行存款结构中对公存款比较少,不足10%。因此,多种因素导致农商银行成本居高不下。成本也是影响企业盈利能力的重要因素。农商银行成本较高,会增加银行管理的被动性,增加企业的风险,甚至在经济不景气的情况下会导致农商银行入不敷出,增加了金融领域内的风险。

7.2.3　财务管理精细化欠缺

农商银行现有财务人员业务水平不足，专业性有待提高。财务管理的专业化要求较高，但农商银行现有的财务人员（尤其是支行内勤主管）有很大一部分没有系统地学过财务会计知识，掌握的知识水平仅能应付当前工作，主动学习的意识不强。

当前，农商银行业绩考核主要为存款、贷款、不良贷款、中间业务等经营性指标，以规模和利润为主要指标，以此来衡量经营管理能力，并与绩效、晋升挂钩。为了完成相应的任务考核，不惜花费大量的成本，导致了资源的浪费。利润的增长，既可以通过收入的增加来实现，也可以通过支出的减少来完成。农商银行吃大锅饭的现象普遍存在，部分员工缺乏成本意识，导致浪费现象严重。同时，农商银行成本控制手段单一，无法全面覆盖成本支出。成本费用的高低与支行、员工的考核并未挂钩，导致了员工的成本意识进一步弱化，为追求收入规模的增长而牺牲了成本。

同时，预算管理监督也缺乏考核监督。农商银行在预算管理制度方面也存在严重缺陷，缺乏预算编制或预算管理执行不力，导致预算严重超支，在预算执行过程中也缺乏有效的监督和考核，最终导致预算失控。

7.2.4　利率定价体系有待完善

农商银行在利率管控阶段不断发展与运营，已然适应了"政策红利"的制约，但在定价结构、IT体系创设、定价体制、资产负债管理形式等方面仍未完善。现阶段，农商银行的利息定价体系建设仍有欠缺。由于基层网点主要面临的是存贷款规模增长考核，导致基层网点在实际营销拓展过程中会为了存贷款规模的增长而牺牲收入利润的考核，即为了吸引客户使用授信降低利率，或在营销过程中通过低利率来拓展贷款客户。

虽然决策链条短，但是在当前金融市场多变的情况下，农商银行的利率定价未能及时根据风险、市场环境、政策变化等进行适时调整。同时，农商银行对利率风险的管理能力较弱。利率风险是农商银行面临的主要风险之一，而农商银行在利率风险控制方面尚有待提高。这包括关于利率变动对银行资产负债结构的影响缺乏深入分析，以及对市场利率变化缺乏敏锐的洞察力。

7.3 息差收窄为农商银行带来的机遇

7.3.1 促进农商银行进行结构调整

农商银行主要是服务基层区域社会发展。在利差收窄形势下，银行盈利能力降低，这也加速了农商银行的转型，促进农商银行对其基本业务开展分析，了解其主要业务的盈利能力和盈利风险，从而进一步开发新的业务或者推动传统业务的创新和转型，为进一步优化资产结构、提升其持续经营能力奠定良好的基础。

7.3.2 推动农商银行基层业务拓展

在利差收窄大背景下，农商银行可以强化与当地的联系。农商银行具有其他银行不能比拟的优势，如国家发展中的很多惠农政策或者补贴都通过农商银行进行发放，促进了农商银行与客户的稳定联系，相较于其他银行可获得更多的基层用户信息。因此，在利息收窄的情况下，可以引导农商银行深挖农村市场，与农村电商、农产品加工或者农村个体工商户、县域周边企业建立联系，以拓展农商银行的业务，为农商银行进行资产结构转型奠定基础。

7.3.3 推动农商银行加强风险管控

利息收窄背景使农商银行的风险上升，但也为农商银行增强风险管控能力创造了良好的条件，进一步提升农商银行长期经营能力。农商银行在未来发展过程中要注重加强对风险的管控，积极探索银行的高风险点，采取合理的措施来进一步提升银行的风险管控能力，从而推动银行的稳步发展。

7.4　应对息差收窄的相关建议

7.4.1　强化质量效益考核引导

当前部分农商银行在业务发展中偏重规模、忽视效益增长，导致资源配置效率低下，影响了农商银行的长期发展。基于此，应当优化考核体系，加强对支行业务质量和效益的考核，强化利润、不良率、付息率、客户满意等考核，在绩效考核、岗位考核、支行综合考评中设置质量效益的考核指标，如收入利润、不良率、收息率等；将考核结果与员工的绩效薪酬、年度考核评定挂钩，激励员工更加关注业务的质量和效益；增设收入利润的专项考核方案，通过对绩效考核的指挥棒，做到考核既有"快马加鞭"的压力，也有"跳起摘桃"的动力，引导客户经理区分优质客户和普通客户、长期贷款和短期贷款，实行差异化利率定价。

7.4.2　推行内部资金转移定价管理

FTP（Funds Transfer Pricing）是指在银行内部建立一个虚拟的资金池，按照一定的价格与规则，对全行发生的所有资金业务进行全量的交易，从而达到核算每一笔资金业务的收益或成本的目的。通过引入 FTP 定价管理，实现核查项目资金成本及实际收益等目标。

项目运营单位每个负债项目筹集到资金后，都将把该项目的 FTP 价格整体转移到资金中心；每个项目涉及的资金，将以项目 FTP 价格整体向资金管理部门购买。针对资产项目，FTP 价格表示其本金，必须支付相应利息；针对负债项目，FTP 表示其资金收益情况，可以借此取得利息收益。通过引入 FTP 定价管理，区分存款和贷款产品、存款和贷款期限的 FTP 定价以及利润情况；通过分析产品、期限和机构的创利情况，引导经营机构主推高利润产品。对 FTP 创利能力不足的支行网点，通过撤并、产品倾斜的方式，提高其 FTP 创利能力。

对逐个网点进行点对点的辅导培训宣讲，确保人人都能掌握 FTP 相关知识。强化 FTP 运用，在农商银行基层网点综合考评中加入模拟利润考核指标，强化利润效益的考核导向，进一步引导支行吸收低成本存款、推行贷款差异化利率定价，提高利润效益。

7.4.3　建立精细化财务管理体系

在农商银行转型的大背景下，应该建立精细化的财务管理体系，加强精细化管理的职能。第一，推动数字化技术在农商银行财务管理中的应用，进一步优化农商银行的业务流程，推动农商银行各项业务工作的标准化和规范化，促进业财融合。第二，深度整合财务数据、业务数据和管理流程，能够通过财务数据分析加强对业务成本、风险的管控，提升农商银行成本风险管理水平。第三，财务管理工作向前推移，运用全面预算管理来促进银行战略目标实现，加强对成本的管控，利用社保卡等优势来积极挖掘基层用户的需求，从而进一步开发更多个性化或者精准化服务项目，发挥智慧银行在推动农商银行转型中的作用。第四，通过财务数据应用来加强对各个环节、各个岗位以及各个流程的把控，增强农商银行的盈利能力。第五，利用大数据来构建体系化的财务风险评估机制，建立财务风险分析模型，能够根据掌握动态化、多元化的信息及时对银行的财务风险进行分析，增强财务风险的把控能力，构建完善的财务风险管理机制。

7.4.4　调优负债结构

在资产端收益下降的趋势下，农商银行为应对利差收窄，必须在负债管理上做文章，从负债来源、负债结构、负债成本三个方面加强管理。

在当前竞争形势下，存款负债结构调整和利息支出的压缩已经成为各家银行不可回避的问题。随着利率市场化进程的加速，银行面临越来越多的挑战，如何提高质量效益，实现可持续发展，是当前要解决的问题。

一方面，农商银行应该加强资产负债管理，优化存款结构，降低长期高成本存款的占比。在保证流动性的前提下，合理配置存款期限，使存款成本更加合理。同时，应积极发展低成本存款，比如通过手机银行吸引客户，提高自助银行服务水平，降低人工成本等。

另一方面，农商银行的定期存款占比较高，活期存款（尤其是对公活期存款）占比较低。与其他银行相比，农商银行的存款结构仍有发展空间，可以通过存款产品利率"高换低"、存款期限"长换短"等方式进行优化。同时，积极拓展储蓄存款来源，提高储蓄存款稳定性，逐步优化存款结构，降低利息支出。

过去，不少农商银行为了揽储、扩大负债规模，不惜抬高负债成本，大量发行结构性存款等产品。对此，农商银行对负债管理要从不计成本规模扩张转为规模和质量并重。在负债来源上，一是重点增加活期存款的维护和活期存款的比重；二是坚持负债端对公化，加大企业存款留存，积极争取地方财政性存款和村组存款；三是积极开展收单业务，沉淀低成本资金，逐步减少对财政性存款的依赖；四是积极利用同业负债和充分利用政策红利，在支农支小再贷款上获得中国人民银行更多的支持。

7.4.5　科学制定贷款政策

（1）合理下放利率权限。

基层支行主要面临的是贷款规模增长考核，导致基层网点在实际营销拓展过程中会为了贷款规模的增长牺牲收入利润的考核，即为了吸引客户使用授信降低利率，或在营销过程中通过低利率拓展客户。考虑到基层的局限，农商银行应合理确定基层网点所享有的利率权限，同时加大利息收入和净息差的考核力度，引导基层网点推行差异化贷款利率定价。

（2）浮动利率和固定利率。

随着LPR（贷款市场报价利率）的推行，原来一年期基准利率为4.35%，而截至2024年5月，一年期LPR仅为3.45%。在LPR逐年下滑的情况下，原有执行固定利率政策的成员行，其贷款收益会明显高于采用浮动利率政策的成员行。但随着经济趋于回暖，LPR的上升和下降存在不确定性。因而，建议对中长期贷款给予固定利率，以确保贷款利率收益，降低不确定性带来的利率风险，而短期贷款给予浮动利率，对冲中长期贷款固定利率产生的收益或损失。

（3）优化利率定价模型。

农商银行应建设利息定价系统并优化利率定价模型，贷款客户的利率应根据客户还款情况和归行率等综合因素予以动态调整。一方面，吸引客户贷款资金归行，增加低成本存款资金；另一方面，对还款较差和归行率较低的贷款客户，上调其贷款利率，可以提高贷款利率收益，同时引导客户按时还本付息，促使贷款资金归行。

7.4.6　强化不良风险管控

农商银行内部风险有着较强的不可预测性，因此极易被忽略，从而引发较大财产损失。为有效降低风险出现频率，加强风险监管体制，要明确银行风险具体来源，随后根据不同情况拟定相应的应对措施，并从银行内部入手强化其风险监管机制。

（1）严控大额贷款比例。

从农商银行的资金实力、专业水平、抗风险能力、监管要求等各方面考量，实施大零售转型，有利于形成可观、稳定的利润。为此，农商银行要坚守服务县域、支农支小的定位，实施"大行想做做不了，能做做不精"的错位竞争，不断加大零售贷款投放。但在营销大额贷款过程中，农商银行的风控把握能力差。同时，大额贷款一旦发生风险，难以处置，且容易动摇经营根基。因而农商银行应当坚守市场定位，控制大额贷款比例，对单户500万元以上，尤其是单户1000万元以上贷款的比例进行控制，从源头把控贷款风险，提升经营质效。在个贷业务上，重点发放100万元以下贷款；对于企业类业务，严控1000万元以上贷款，并提高500万元以下贷款占比。在信贷投放中推行"985"理念：力争实现500万元以下贷款占比达到90%，100万元以下贷款占比达到80%，1000万元以上贷款占比低于5%。

（2）谨防贷款中介介入。

当前经济仍处于缓慢恢复过程中，贷款中介乃至黑中介无孔不入、无处不在。贷款中介的介入，不仅腐化了客户经理队伍，而且加大了贷款的风险，因而要谨防贷款中介的介入：一是加强客户回访；二是对不良率进行分析，尤其是当年投放形成不良贷款的经办人员和相应客户；三是加大宣传力度。

（3）把控贷款投向和行业情况。

农商银行信贷管理部门应把控贷款投向和行业情况，防止贷款行业集中度过高，同时减少对"两高一剩"行业的投向，对不良贷款投向和行业情况进行分析，了解风险所在，及时发现问题、化解风险。

（4）强化表内外催收作业。

提高催收作业队伍的素质和水平，强化表内外催收作业，对出现的不良情况及时处置，避免客户转移资产，同时震慑逾期客户。对于大额贷款客户，应在逾期后第一时间进行催收作业，满90天立即启动资产保全，然后提起诉讼。

7.4.7 推动数字化转型

以数字化普惠金融作为突破口，促使客户能够根据需要选择线上业务。通过线上智能化或者精准化服务来进一步推动农商银行的发展转型，减少获取客户资源成本。提升农商银行的辐射能力，通过线上与线下业务整合，改变传统以线下业务为主的情况，通过线上业务进一步缓解线下业务的压力，促进线下业务能够有更多的时间和精力投入对银行业务的分析中去，提升银行服务质量。适当放宽农村助农业务的限制，加大农商银行的普惠范围。多渠道补充银行的资金，通过政府债务、国有资本运营等方式来增强农商银行的竞争力。推动发展零售、消费及微贷等业务，与互联网金融建立深层次的联系，在加强风险管控的前提下提供多样化的服务，提升农商银行的影响力。

应该进一步提升银行人员的数字信息素养，推动农商银行转型。新时代背景下银行面临的竞争压力越来越大，因此应该进一步提升银行人员的综合素养，增强银行的竞争力。促进农商银行人员通过数据信息技术的应用来引导客户完成相关业务的处理，利用掌握的数据信息化资源来促进自身向业务分析和数据整合方向转变，根据掌握的业务信息深层次挖掘客户的需求，将不同维度客户的业务数据整合到一起，为银行形成数字化背景下的运行模式奠定良好的基础。将银行人员的业务办理数量以及投诉建议都纳入考核和评价中，推动考核评估结果与银行人员的职务晋升或者薪酬建立良好的联系，促进农商银行人员提供高质量的服务，维护农商银行形象，与客户建立更加良好的合作关系，提升银行服务能力。

7.4.8 增强客户黏性

应对利差收窄，要"跳出利差抓利差"，关键是抓住客户这一核心要素，只要客户在手中，"任尔东西南北风"。农商银行只有把客户"抓住"了、"激活"了，客户才会把农商银行作为结算行、主财富管理行，自然就会沉淀大量低成本资金，才能拓展信贷业务，获取收益。被称为"零售之王"的招商银行就是非常好的成功案例。2021 年末，招商银行零售客户活期存款占比高达 70.1%，平均成本率只有 1.08%。如此低的负债成本，就是发放住房按揭贷款 4% 左右的利率，也能获得较高收益。

农商银行的客群主要是"三农"和中小微客户，如何抓住这些客群，关键是发扬"铁脚板"精神。利用农商银行自身点多面广的优势，开展走村入户、进园访企，扎根下沉，深耕好自家的"一亩三分地"。例如，浙江省农村信用合作社连续 14 年开展"走千访万"活动，发放了全省二分之一的农户贷款、四分之一的中小微企业贷款。

在拓展"三农"客群中，社保卡是有力抓手。在这方面，农商银行作为地方一级法人机构，扎根"三农"70 余年，与百姓走得最亲、最近，通过政银合作拓展社保卡业务无疑是增强"三农"客户黏性最好的方式。

农商银行是服务乡村振兴的农村金融主力军。中小微客户在创业阶段大都是在农商银行扶持下成长起来的，对农商银行有一种天然的亲切感。农商银行利用自身人熟地熟情况熟的优势可以大打"感情牌"，为其提供方便、快捷的金融服务；同时，尽可能提供更多的增值服务，打造有温度的"暖银行"。

利差收窄给农商银行的发展带来了机遇和挑战。农商银行作为我国基层经济参与的重要主体，为推动基层经济发展作出了贡献，因此应该在新形势背景下把握发展机遇，迎接发展中的挑战，推动农商银行的转型。农商银行相较于国有大型银行或者商业大型银行竞争力不足，因此在利差收窄的情况下应进一步推动农商银行的业务下沉，加速轻资本化转型，优化负债结构，培养复合型银行人才，建立完善的风险管控机制，为提升农商银行的竞争力奠定基础。

8 以人为本　心系员工

"以人为本，方能长久。"为什么在科技赋能、人工被大量替代的今天仍旧强调人的重要性？科技在处理一些提前设定好的或可预测的情况时，确实能完成得比人更加准确和高效。但现实中在处理很多工作时，因为复杂多变，时有各种不确定性的情况出现，仍旧需要人工的介入。况且相比大行所面对的群体，农商银行多数扎根在基层直面客户，而且大部分是科技接纳程度较低的客户。这就需要通过情感感知、社交能力等独特技能，建立和维护与客户的关系，理解客户的情感和需要。人所拥有的视角和价值观，更能准确地把握现实的文化背景下客户的所想所需。现在的科技发展迅猛，可以帮助人类完成很多工作和任务。然而，其在想象力、创造力、自我学习能力等方面所表现的不足正是我们仍然坚持以人为本的有力理由。现在的科技始终还是在人类搭建的框架下衍生和发展的。

而在这个快速发展的时代，人们也愈发重视自身的价值和需求，这正是以人为本的核心所在。也许有人会认为，以人为本会导致决策过于情感化，缺乏理性。然而，事实上，以人为本并非忽视理性，而是强调在理性分析的同时关注人的因素，做到情感与理智的平衡。以人为本，也是充分发挥人的作用，发挥人在感知力、想象力、创造力、自我学习和成长的能力等方面的优势，实现个人与企业的共同进步。在农商银行的组织和管理中，人无疑是最重要的资产之一。人所具备的知识、技能和干事创业的积极性是组织取得成功的关键因素。在组织管理中，要关注人的需求和发展，激发员工的潜能，促进员工与组织的共同成长。多角度地提高员工的工作意愿和工作能力，有助于增强组织的凝聚力、创造力和竞争力，从而实现农商银行的长期稳定发展。

8.1 提升工作意愿，激发工作潜能

工作意愿，可以理解为员工参与工作并完成工作的意向和愿望，是一种由人的内心生发的，受人的主观意识所左右的变量。人的工作意愿不同于人的工作能力，获得之后不容易消失或产生较大下滑。意愿容易受到外部情况变化给人带来的刺激和反馈等因素的影响，从而使得工作绩效产生较大的波动。

即便如此，人也往往不能清楚地认识和了解自己的"愿望"。员工普遍对自身的真实"意愿"存在盲区或偏差，有时候需要通过外部来帮助个人发现自己内在真正的愿望。组织从大多数员工普遍性的和小部分员工个人特殊性的"愿望"出发，帮助发现和提升其工作意愿，积极发挥人的主观能动性，助长和滋养员工的工作热情，激发工作潜能。

而员工从工作中产生的愿望可以参考马斯洛的需求层次理论，依次分为三个方面：生存和生活的愿望、情感关联和归属感的愿望、成就感和实现自我价值的愿望。

8.1.1 生存和生活的愿望

员工在企业或组织中安心工作的最基本愿望就是有安全良好的工作环境，付出的劳动可以获得相匹配的物质回报，能满足他和家人生存和生活的需要。首先，企业应当创造安全无忧的工作环境，即舒适健康的办公空间，例如很多农商银行网点仍然位于偏远山区，在遭遇天灾人祸时往往会陷入困境。这些情况就使得部分有心从事农商银行事业的员工有了后顾之忧，打起了退堂鼓。其次，农商银行的薪酬和福利，在长期的市场化磨砺之下已有一套体系。在原有基础上，进一步完善人力资源管理制度，提供有竞争力的薪酬和福利是未来努力的方向。农商银行应制定公平、合理的薪酬福利制度，确保员工的基本权益得到保障，并优化考核，提升农商银行薪酬竞争力，利用高薪、奖金、利润分享等吸引和留住员工。最后，农商银行应关注员工的身体和心理健康，例如提供健康食品、健身房、健康

检查等，并提供一定的心理辅导和援助，帮助员工缓解工作压力和生活困扰，提高员工的心理素质和抗压能力，让员工感到农商银行关心他们的健康和福利。

8.1.2 情感关联和归属感的愿望

员工在企业或组织中感受到被尊重，自己的工作付出被认可，自身的短期和长期利益与组织发展相关联，从而增强对农商银行的归属感。首先，农商银行可以建立良好的企业文化。人们常说："家，是温暖的港湾，是心灵的归宿，是情感的寄托。"只有给员工家一般的感觉，员工才能在工作岗位上找到归属感。农商银行应坚持以人为本，关爱员工，让员工感到受重视。其次，农商银行应该关注员工生活，提供平衡工作和生活的机会，例如弹性工作时间、假期等，让员工能够更好地平衡工作和生活，提高工作满意度和忠诚度。再次，农商银行可以建立员工参与机制，例如征集员工工作建议、召开员工代表大会等，让员工有机会参与农商银行的决策和管理，增强员工的参与感和主人翁意识。最后，农商银行可以适当地给予员工持股或者开展长期利润分享计划，让员工在往后每年的股金分红中享受到农商银行发展所带来的切实收益，进而将自身的利益与单位的长远发展关联起来。

8.1.3 成就感和实现自我价值的愿望

员工在工作中所获得的认可和赞赏，为企业创造了可见的价值，工作付出转换为工作绩效，即可获得成就感。在持续的正向反馈后，再进一步使员工转向在组织中实现更大自我价值的愿望。首先，农商银行可以提供反馈和认可，例如定期绩效评估、表扬、奖励等，让员工感到自己的努力得到认可和赞赏。其次，农商银行可以提供职业发展和晋升的机会，例如晋升、培训、岗位轮换等，让员工有动力不断提高自己的能力，发挥自己的最高水平。再次，农商银行应当建立正向的激励。对于大部分员工来说，真正走上领导岗位的机会不多，未能晋升的员工可以通过业绩排名进入提升岗位系数的加薪通道，打破学历和年龄的限制，成就另一种方式的升职加薪。最后，农商银行应当展示出更开放的姿态，留出一定的试错空间，鼓励有能力的员工勇于并善于创新工作思路和方法，在农商事业的发展中留下个人浓墨重彩的痕迹，展现更大的自我价值。

总之，让组织中的每个人都感觉到自己很重要，无疑是从最底层激发员工的工作热情，这对农商银行来说是非常可贵的。

8.2 提升工作能力，成就绩效新高

在解决了员工的工作意愿问题之后，组织中人员工作能力的高低成了决定工作成效高低的主要因素。在过往的工作能力提升活动中，农商银行会对新入职员工进行一定的岗前工作培训，随后是以老带新，进行传帮带。随后很长的时间里，工作技能是从日复一日的工作经验中得来。其多数为模仿习得，并在实践中逐步试错校正而来。员工所获得的工作能力是滞后的，也不规范。若不加以引导和思考，此类工作能力会较为僵化。不知其所以然的过程使得员工缺乏思考和创新能力，只是被动接受，限制了工作能力的自主提升。

随着员工工作意愿的逐步被挖掘，不同类型员工当前所需要的对其工作能力的支持是不尽相同的。工作能力较弱的员工需要有及时和相适应的工作能力培训和跟踪，使其能较为快速地胜任当前工作，并提升工作效率。而工作能力较强的员工则应在激发了其主观能动性后创造条件，鼓励和引导其开拓自身能力边界，走向创新和突破，引领农商银行工作迈上新的台阶。因此，动态的、因人施教的工作能力提升战略是农商银行需要研究的。

第一，了解员工需求是实现因人施教的关键前提。充分了解并尊重每个员工的需求和意愿之后，按照其职业发展规划，结合员工现有工作能力情况，为员工制定或提供有针对性的个性化培训和发展机会。例如，对于渴望提升技能的员工，可以安排其参加专业技能培训课程；对于追求管理职位的员工，可以提供管理培训计划。

第二，营造良好的学习文化和创新氛围，创造良好的学习环境。农商

银行可以创建鼓励员工学习的文化氛围，鼓励员工相互学习、分享知识和经验，让更有经验的员工指导新员工，帮助他们更快地适应工作。同时营造一个开放、包容、鼓励创新的氛围，让员工知道创新是农商银行发展的重要驱动力，鼓励员工（即使是新员工）提出新的想法和建议。另外，农商银行可以创造良好的工作环境，例如提供舒适的学习空间、良好的团队氛围、健康的工作文化等，让员工在其中能够更好地专注于工作，提高工作和学习的效率和质量。

第三，提供多样化的培训课程和培训机会，以满足员工的不同需求和兴趣。提供培训机会是提升员工工作能力的有效途径。这不仅有助于员工提升技能，而且有利于农商银行保持核心竞争力。同时，农商银行还可以鼓励员工参加行业相关研讨会、进修课程等，拓宽员工的知识面和视野。

第四，在日常工作中或者条件有限的情况下，提供必要的工具和资源，例如软件、设备、书籍等，帮助员工更好地完成工作。农商银行可以鼓励员工自主学习，例如提供学习时间、学习经费等，鼓励员工持续学习和发展，让员工有机会自我提升。

第五，给予员工一定的自主权，并建立奖励机制。激励员工勤思考，通过学习新技能对现有的工作方法和技能提出问题和革新建议，并给予员工一定的自主权，让他们有机会将新办法真正放到实践中去尝试，激发进取心。这些奖励可以包括晋升机会、加薪、奖金、额外的时间或资源等，激励员工不断提升自己的工作能力和绩效。

8.3 打造优秀支行，创造无限可能

我们应充分看重人的作用，通过发掘人的工作潜能，尽可能调动人的主观能动性，使员工自发追求更高更强，开发出其工作潜能。而在农商银行持续的、因人施教的工作能力培养体制下，员工的工作能力可以及时得到提升，并动态地达到最佳状态，在个体上呈现出当下最好的工作成效。如果说组织里一个员工个人的工作成效已经接近了上限，那一个由一伙人在一起共同运行起来的团队组织，就不是简单的个人能量叠加了，甚至可

以说，一个优秀的有战斗力的团队所组成的支行，可以创造无限的可能。

8.3.1 打破个人壁垒，突破价值上限

团队的优势就是在个人的基础上融合不同个人的特点，趋长避短，达到 1 + 1 > 2 的效果，形成数量级的增长。

首先，团队的优势体现在解决问题的能力和提升工作效率上。农商银行根据员工个人意愿和特长，有针对性地发展个人不同方面的工作能力。通过支行间员工的紧密合作，正好可以互相协助，取长补短，发挥各自的专长。集思广益，各个员工可以相互交流观点和想法，共同探讨解决问题的方法，共同完成任务。这有助于提高支行解决问题的能力，提升工作效率，缩短工作时间，更好地应对挑战。

其次，团队的优势体现在促进个体成长和提升创新能力上。通过团队合作，支行员工可以学到不同的技能和知识，得到不同的角度和观点，既提升了自己的能力，也在实践中锻炼了自己的沟通、协调和总结能力。新的观点和建议也容易相互激发出创新思维，有助于提高支行的创新能力，为农商银行的发展带来新的机遇。

再次，团队的优势体现在增强凝聚力和提高适应能力上。团队合作可以让支行员工意识到每个人的重要性，培养团队精神和凝聚力。员工之间会建立牢固的信任和良好的默契，形成紧密的合作关系。这样一个具有凝聚力的团队更容易保持稳定，并且拥有更强的力量应对外部环境的变化，提高员工的适应能力，在面对困难时更能够顺利克服。

最后，团队的优势体现在提高资源利用效率和增强团队竞争力上。团队合作可以整合所有个体的全部资源，实现资源共享。这样有助于提高资源利用率，降低整体成本，提高农商银行整体竞争力。具有良好团队合作能力的农商银行，往往能在市场竞争中占据优势，实现可持续发展。

8.3.2 农商措施得当，助力优秀支行

要建立以人为单位的具有过人优势的支行，提高支行团队整体凝聚力和战斗力，以下几项不得不提。

　　首先，营造良好的合作氛围，鼓励支行内部相互协作。创建一个积极、和谐的工作环境，让支行员工能够在愉快的氛围中开展工作。遇到问题，鼓励成员相互协作，共同解决。要让支行员工意识到每个人的重要性，合作会带来便利和效率，以提高支行队伍的整体凝聚力。同时要关注支行员工的心理健康和员工之间相处情况的微妙变化，及时为他们处理情绪问题，提供压力释放的途径。

　　其次，创造有效沟通渠道，时刻建立信任关系。可以通过定期召开晨会、夕会等形式，确保支行员工之间的沟通畅通无阻，也让每个员工都能及时了解项目进度和明确目标。同时，鼓励支行员工进行非正式的交流，增进彼此了解，建立起相互信任的关系。让成员有渠道、有意愿表达自己的观点和需求。支行负责人也要善于倾听，关心支行员工的感受，尽可能为他们提供支持。

　　最后，在整体和谐的氛围中，做好公平公正，鼓励适度竞争。在支行内部管理中实行公平公正的原则，对员工的付出给予相应的回报，既可以提高支行员工的满意度，也可以激发他们的工作积极性。在支行内部引入适度的竞争机制，鼓励员工之间适度的竞争，激发成员的向上意识和潜能。但支行负责人也要注意引导，避免支行内部出现恶性竞争。

　　以人为单位打造优秀的支行团队，对个人和农商银行的发展都具有重要意义。通过加强团队合作，可以实现共同发展和成功，有助于提高支行的整体战斗力和凝聚力，为农商银行创造更大价值。

　　在21世纪的今天，在科技日益发展的时代，人才是第一资源。以人为本的管理方式能够吸引和留住优秀的员工，增强农商银行的人才优势，从而提高农商银行的竞争力。以人为本的管理方式注重员工的长期发展和培养，能够为农商银行提供持续的人才支持，从而促进农商银行的可持续发展。

8.4　强化人文关怀，心系员工发展

　　对农商银行来说，员工是农商银行最宝贵的财富。农商银行的发展和员工的发展是统一的，是密不可分的。农商银行的发展需要员工的推进，

需要员工的努力。视员工为农商银行最大的财富，努力将农商银行的"人头红利"变成"人才红利"。

8.4.1 人文关怀，无处不在

"家在农商，幸福相伴"，这不仅仅是一句口号，更是农商银行对员工的一份承诺。有农商银行的地方就有家的关怀，通过无处不在的人文关怀，逐步提升员工的幸福感和归属感。一是建立以人为本的管理理念。农商银行坚持以人为本，树立正确的发展观和业绩观，充分发挥员工的主观能动性，激发员工内在潜力；同时，根据不同岗位员工的特点、能力、特长等建立科学合理的绩效考核体系，实行分类考核，达到因人定岗、按岗定责、奖优罚劣，充分调动每一位员工的积极性。二是建立和完善绩效考核机制，把客户满意程度作为绩效考核工作评价体系的重要内容；注重奖励结果与过程并重，提高绩效考核工作质量。

8.4.2 升职加薪，希望常在

农商银行应当建立正向激励为主、处罚为辅的奖励机制，通过利益分享，激励广大员工争先创优，营造奋发向上、积极作为的工作氛围。通过划分晋升和加薪两条通道，年轻有为的员工可以走晋升渠道，未能晋升的员工可以通过业绩排名进入提升绩效系数的加薪渠道。吃苦不是吃亏，要让员工干活干得舒心，就要建立透明、公正的考核标准，让干得多、干得好的拿得多，激发全体员工的斗志和进取精神，为农商银行的发展贡献更大的力量。

8.4.3 同台竞争，公平永在

农商银行的发展离不开人的发展。有了公平，农商银行才能为员工的发展提供平等的权利和机会，才能最大程度激发员工干事创业的激情。党的二十大报告中也指出了机会公平的重要性。农商银行应强化考核，实行公平竞争，调动全体员工的工作积极性，各司其职、各尽其能、各得其所，以员工个人业务完成情况等为依据，通过直接计价的方式，及时准确地计发员工个人绩效薪酬，真正将绩效薪酬与员工个人业绩直接挂钩，激发全员工作热情。

8.4.4 劣汰机制，随时备在

物竞天择，适者生存。农商银行要在员工管理中形成竞争的淘汰机制，有助于员工增强忧患意识和竞争意识，提高知识技能水平和工作效率。农商银行要随时砍向有违法违规行为的员工，让违规者痛，将违法者清理出农商队伍，切实保证队伍的廉洁性和纪律性，在防范声誉舆情风险的同时，提升品牌形象和增强队伍的凝聚力。

9 客户至上 交融情感

当前农商银行客户争夺的主战场在县域城区，在外出的创业务工聚集地，在广大的农村。客户是价值创造的源泉。践行"客户至上"的服务理念，就是要以"客户需求"为中心导向，以"客户满意"为最高标准，为客户提供贴心满意、专业便捷的服务体验和一流卓越的金融产品。

9.1 提升服务水平

9.1.1 提升礼仪形象

在当今金融市场竞争日益激烈的时代，农商银行作为一家服务于广大农村地区的金融机构，提升礼仪形象显得尤为重要。良好的礼仪形象既能够彰显银行的品牌实力，也能提高客户满意度，进而促进业务的发展。

服务是银行间竞争的灵魂，而服务最基本的要求是懂礼仪、讲礼数，"人无礼则不立，事无礼则不成，国无礼则不宁"。礼的强大作用体现在为人、处世、治国等方方面面。对银行员工来说，礼仪形象是一门必修课。良好的礼仪形象能时刻体现出银行的特色和乐观向上的精神风貌。与客户沟通时，让客户感到舒适的同时又不会显得矫揉造作，通过塑造员工良好的职业形象，提升农商银行的品牌形象和竞争力。

在现实生活中，我们不难发现一些农商银行的客户在办理业务时曾遭遇歧视或有不愉快的经历。这些现象不仅损害了客户的利益，而且严重影响了银行的声誉和形象。为了改善这一局面，农商银行必须采取有效措施提升礼仪形象。

一方面，提升礼仪形象有助于增强银行的品牌影响力。一个注重礼仪的银行必然能够在客户心中留下良好的印象，从而提高客户对银行的信任度和忠诚度。

另一方面，提升礼仪形象有助于提高客户满意度。在业务办理过程中，银行员工的态度、言行举止都会影响客户的感受。良好的礼仪服务能够让客户感受到尊重和关爱，从而提高客户满意度，为银行赢得更好的口碑。

农商银行可以通过加强员工培训、推出礼仪形象推广活动、建立完善的客户反馈机制等方式提升礼仪形象，使农商银行能够在激烈的市场竞争中脱颖而出，赢得更多客户的信任和支持。

9.1.2 加强宣传报道

在网络信息化时代下，银行面临的内外部环境日益复杂，生存和发展的压力重重，能否在竞争中立于不败之地，对外的宣传已经成为一个至关重要的因素。日新月异的现代互联网为银行宣传提供了崭新的机遇和更加广阔的空间。

首先，加强宣传报道是满足客户需求、提升品牌知名度的关键。在大众传媒日益发达的今天，客户获取信息的渠道越来越广泛。农商银行通过有计划、有目标的宣传报道，可以让更多的人了解自己的品牌和服务，从而吸引更多的客户。同时，优秀的宣传报道还能提升农商银行的品牌形象，增加客户对银行的信任度和忠诚度。

其次，加强宣传报道可以吸引客户关注、增强客户黏性。在宣传过程中，农商银行可以借助各种传媒手段和营销活动，吸引客户的注意力，提高客户的参与度。例如，可以通过发布优惠政策、推广理财产品等方式，吸引客户关注并办理银行的相关业务，从而增强客户黏性，提高银行业务的效益。

再次，加强宣传报道有助于提升员工素质、塑造企业形象。通过宣传报道，可以让员工更加深入地了解银行的战略目标、服务理念和发展动态，从而增强员工的归属感和责任感。同时，优秀的宣传报道还能塑造企业的形象，鼓舞先进、鞭策后进，将广大员工团结凝聚在一起，使大家心往一处想、劲往一处使。

最后，加强宣传报道有助于增加市场份额、提高效益。随着宣传报道的深入推进，农商银行的品牌知名度和影响力将不断提升，进而吸引更多的客户和资金。这将有助于提高农商银行的经济效益和社会效益。

9.1.3 加强产品创新

党的二十大报告指出，创新是第一动力。农商银行作为服务农村和社区的主力军，应发挥法人机构的作用，根据客户群体的需求，持续加强产品创新，做到"人无我有，人有我优"；应不定期组织人员开展市场调研，调研内容包括他行信贷政策和农商银行当前自身产品缺陷、信贷面临的主要问题、基层诉求及建议等，持续对贷款利率、信贷产品、贷款资料、贷款额度、贷审流程等进行优化。在信贷投放中，通过产品创新丰富产品矩阵，不断提高金融触达率，实现客户的多元化，打造特色化、差异化的农商银行，逐步增强农商银行的核心竞争力。

首先，创新有助于提高银行的业务能力，从而提升市场竞争力。其次，产品创新能为当地经济带来更大的推动作用。农商银行根植于农村，通过创新金融产品和服务，可以更好地满足农村企业的融资需求，支持当地产业结构调整和升级。最后，产品创新还能进一步提升农商银行的品牌形象，吸引更多客户。

农商银行加强产品创新对其自身发展和当地经济的推动作用不言而喻。在未来的发展中，农商银行应紧紧抓住机遇，积极应对挑战，不断推动产品创新，丰富产品矩阵，在细分市场领域获得领先优势。

9.1.4 提升综合服务

服务不是单一性的，农商银行应优化金融服务供给，做精、做深、做透本土市场。将各项金融产品送向农村、社区、企业，与客户面对面沟通交流。在深度挖掘客户需求的基础上，以单一服务为切入点，向个人和企业客户营销电子产品、存款和贷款等多种金融产品，通过综合营销不断巩固和扩大普惠金融客户群体，增强客户黏性。

首先，提升综合服务是农商银行客户需求的必然选择。作为基层金融机构，农商银行的服务对象主要为广大农村地区的居民和企业。他们需要的不只是简单的存款、贷款等金融业务，更包括投资、理财、保险等多元化的金融服务。农商银行只有不断提升综合服务能力，满足客户的多元化需求，才能在激烈的市场竞争中赢得优势。

其次，提升综合服务有助于提升农商银行的品牌形象。优秀的综合服务能力能够让客户对农商银行产生信任和认可，从而提升品牌形象。而品牌形象的提升将有助于农商银行吸引更多的客户和业务，进而增加市场份额。

最后，提升综合服务还有助于农商银行优化资源配置，提高经营效益。随着金融科技的不断发展，农商银行在提升综合服务的过程中，可以利用科技手段优化内部管理流程，提高工作效率和资源利用效率，从而实现经营效益的提高。

对于农村客户，采取整村推进；对于城区客户，采取网格化营销。始终保持一份斗争精神，明确"农区客户一个不让、城区客户一个必争"。面对激烈的市场竞争和复杂的客户需求，农商银行只有不断提升综合服务能力，才能满足客户的多元化需求，提升品牌形象和增加市场份额，优化资源配置，最终实现持续、健康的发展。在未来的发展中，农商银行应更加重视综合服务的提升，积极创新开发金融服务产品，不断提升服务水平和质量，实现高质量发展。

9.2 提高办事效率

9.2.1 首问责任制

首问责任制，即每个业务问题均由首位接待的员工负责到底。这一制度的推行，旨在突破传统服务流程中的瓶颈，提高银行业务处理的效率。

在实施首问责任制的过程中，农商银行充分考虑员工、客户和管理层的需求。对于员工，该制度提供了一站式服务，减少了部门间沟通协调的困扰，提高了工作效率。对于客户，首问责任制确保了问题得到及时、准确的解答，为客户提供了更优质的金融服务体验。对于管理层，这一制度有效推动了内部服务整合，提升了整体运营效能。

首问责任制的实施，不仅有力地提升了服务质量，而且进一步强化了员工的责任意识和客户服务意识。通过培训和引导，员工能够更加深入地了解客户需求，提供个性化的解决方案。同时，首问责任制也激励员工在面对问题时主动承担责任，积极寻求解决方案。

首问责任制的推行是农商银行改革创新的重要一步，标志着银行将更加注重客户体验和服务质量。面对市场的不断变化，农商银行将继续深化改革，探索创新服务模式，致力于提供更加高效、便捷的金融服务。

通过首问责任制进一步提升服务质量，真正把客户至上的服务理念落到实处，提高服务水平和工作效率，有力地推动了服务流程的优化和员工服务态度的转变。通过一站式服务，银行提高了工作效率，为客户提供更优质的金融服务。在未来，农商银行将继续深化首问责任制，以创新的服务模式满足市场需求，实现持续、健康的发展。

9.2.2 限时办结制

在当今金融市场竞争日益激烈的环境下，提高运营效率已成为银行生存和发展的关键。农商银行推行服务效率监督，对信贷、电子银行、信用卡、收款码等方面所有的业务均实行限时办结制。

限时办结制是指银行在规定时间内对客户办理的业务进行审核、审批、答复等，以确保业务处理效率和质量。通过限时办结制可以提高客户满意度、优化业务流程、降低运营成本，尤其是信贷调查审批方面，从前台调查到后台审批放款的每一个环节都要求快速反应，流程上能简就简，效率上能快就快，并成立过程管控小组，对限时服务进行过程管控监督，真正做到新客户找得准、老客户留得住。

为了确保限时办结制的顺利实施，银行应采取以下监督措施：一是根据不同业务类型和复杂程度，设定明确的时间限制，保证业务在规定时间内完成；二是建立有效的考核机制，对员工业务处理速度和效率进行考核，激励员工积极落实限时办结制；三是强化内部监督，对业务办理过程进行实时监控和督促，确保限时办结制得到有效执行。

在实际应用中，农商银行限时办结制取得了显著成效。例如，某农商银行在推行限时办结制后，客户办理存款业务的时间由原来的10分钟缩短为3分钟，效率提高了70%。同时，该银行员工的工作效率和客户满意度也得到了大幅度提升。

然而，限时办结制也存在一些不足之处。主要是员工可能为了追求速度而忽视业务质量，给银行带来潜在风险。同时，限时办结制实施过程中也可能存在沟通不畅、配合不力等问题，影响制度执行效果。

农商银行采用限时办结制对于提高工作效率和质量具有积极意义。然而，在实际应用中，应充分考虑各种因素，科学制订实施方案，以确保取得最佳效果。同时，不断完善限时办结制相关制度，以适应金融市场的变化和客户需求，提升银行的竞争力和可持续发展能力。

9.2.3　责任倒追制

人没有管住，风险就永远是个问题，要把管住"风险背后的人"作为全体员工的必考题、必答题。结合严监管、强监管态势以及员工行为管理现状，让员工异常行为管理更加制度化、流程化、精细化。

责任倒追制，顾名思义，是将责任追溯到个体，明确每个人的职责范围，旨在提高工作效率和质量。在农商银行的实践中，这一制度则聚焦于员工的岗位职责、权限和义务的明确划分。从一线员工到管理层，每个人都要对自己的工作负责，同时享有相应的权利。

农商银行引入责任倒追制的原因主要有以下几点。首先，该制度有利于提高服务质量，满足客户需求。在责任明确的情况下，员工将更加关注客户需求，提供更为周到的服务。其次，责任倒追制可提高工作效率。每个员工都清楚自己的职责和任务，有利于工作的高效推进。最后，这一制度有利于降低银行风险。员工对自身工作的高度负责将有助于防止潜在风险的产生。

在实施责任倒追制的过程中，农商银行应强调以下几点：一是强化制度建设，完善责任体系，通过制定详细的工作制度、规范和流程，使每个员工都清楚自己的职责和任务；二是加强培训和教育，提高员工素质，只有具备高度责任感和专业素质的员工才能更好地适应这一制度；三是加强监督和考核，确保制度的顺利实施，定期对员工进行考核评价，以检查制度的有效性。

责任制的推行将直接提升员工的服务态度和工作效率，从而让客户真切感受到金融服务的贴心与便捷。同时，这一制度有望在减少服务失误、保障客户权益方面发挥积极作用。

责任感是每位农商银行员工的必备品质，无论是高层领导还是基层员工，都有自己明确的责任。对出现违规贷款、员工异常行为等的支行部室，不只是追查涉及的员工本人，还要顺着整个案件的脉络，倒追相应的支行长和部门负责人乃至分管领导的责任，压实各级责任，督促"内部人"主动监督，提高各级管理人员的责任意识担当。农商银行引入责任倒追制是其提升服务质量、提高工作效率的重要举措。

9.2.4 承包责任制

承包责任制是指银行将服务挂点网点的任务承包给机关部门，以提高其服务水平和效率。相较于传统的服务管理模式，承包责任制强调以需求为导向，通过优化资源配置、明确责任主体，从而实现服务质量的全面提升。

提高挂点部门对支行的服务，除了贷款评审、信用卡办理等专业的问题直接找对口部门外，支行遇到其他问题需要解决的，都可以直接找相应的挂点部门，由挂点部门承包解决支行所遇到的问题，提升挂点部门的帮扶作用，为支行解决除业务发展之外的后顾之忧，让支行能够全力以赴地发展业务。经过推行承包责任制，可以提高机关部门对挂点网点的服务质量，同时可以激发机关部门和挂点网点员工的工作积极性，促进团队协作。

9.3 增进情感交流

9.3.1 提供专业咨询

在当今金融领域，农商银行作为一支重要的力量，不仅在农村经济中发挥着举足轻重的作用，而且在全国范围内为广大客户提供了全方位的金融服务。作为扎根于农村、服务于农业和中小微企业的金融机构，农商银行具有深厚的农村背景和丰富的基层经验。这使得农商银行更了解农村和中小微企业的金融需求，更能为客户提供符合实际需求的金融解决方案。同时，农商银行的业务范围涵盖存款、贷款、理财等多个领域，能够满足客户的多样化需求。

农商银行为客户提供专业咨询的意义：首先，进一步赢得客户的信任，从而更易达成合作。通过为客户提供专业的咨询服务，农商银行可以赢得客户的信任和认可，进一步增进客户关系，为未来的业务合作打下坚实的基础。其次，优化客户体验，让客户更加享受和满意。专业咨询可以帮助客户更好地了解和使用金融产品，提高客户的满意度和忠诚度。最后，提升品牌价值，塑造良好的口碑和形象。以提供专业咨询服务为切入点，农商银行可以提升自身的品牌形象，塑造良好的口碑。

从单一客户到行业客户群，农商银行应抓住产品供给与市场需求的契合点，按照行业、产业对客户进行分群分类，让营销由点及面、由面到体，以产品与服务的百花齐放全天候满足客户的需求。一方面是专业化的金融解决方案：为客户及其上下游提供电子银行、支付结算、信用卡和信贷等业务，解决客户及产业链上下游客户金融方面的需求，让客户充分运用农商银行金融产品，助力其产业发展壮大；另一方面是专业化的资源配置服务：利用银行客户多、信息来源广的优势，建立信息交互平台，及时在平台发布需求信息，实现资源的合理配置，实现双方共赢。

9.3.2 打造交流场所

合适的沟通环境是有效沟通的第一步。在农商银行的日常运营中，与客户之间的交流与沟通显得尤为重要。为了给客户提供更加便捷、高效的服务，农商银行开始着手打造专属于客户的交流场所。这些场所不仅地理位置优越，方便客户前往，而且内部设施齐全，环境舒适，旨在为客户提供最佳的服务体验。

农商银行打造的交流场所具有以下优势：首先，客户可以在第一时间获取最新的金融信息和服务产品，从而更好地规划和选择适合自己的金融产品；其次，场所的舒适性和便捷性为客户提供了良好的沟通氛围，有助于提高客户满意度；最后，通过面对面的交流，银行员工可以更准确地了解客户的需求，从而提供更加个性化的服务。

当前，为了让客户经理（尤其是乡镇客户经理）更好地拓展城区客户，农商银行应当在城区打造如电影院、书屋、茶室等多个社区服务站，为客户经理打造一个温暖舒适的沟通交流场所。通过这样的场所，银行可以更好地了解客户需求，提供个性化的金融服务，同时提高客户满意度和忠诚度。为了确保客户交流场所的成功运营，农商银行应不断提升服务质量和管理水平，以适应日益激烈的市场竞争和满足客户不断变化的需求。只有真正将客户需求放在首位，才能让农商银行在金融服务市场中立于不败之地。

9.3.3 强化互动交流

在当今金融市场竞争日益激烈的环境下，需要进一步加强与客户之间的互动交流，以提升服务质量、提高客户满意度，进而巩固农商银行的市场地位。目前，农商银行在与客户互动交流方面存在一定的问题。一方面，部分农商银行仍采用传统的服务模式，与客户沟通不足，缺乏主动服务意识；另一方面，受地域限制，部分农商银行难以接触到更广泛的客户群体，导致客户资源和业务量受限。针对这些问题，农商银行需要采取切实有效的措施来强化与客户的互动交流。

农商银行在借助科技力量的同时，应充分发挥地方法人机构的传统优势，发挥支行网点覆盖乡村、社区、居民的资源优势，提供"千人千面"的差异化服务，以差异优势打造行业特色；让客户经理走街串巷成为常态，经常下村组、走社区、进园企，强化与客户之间的日常沟通，增强与客户之间的情感，在提供金融服务的同时，多一分关心、多一度温暖。

客户满意度的提升将有助于增强客户黏性，提高客户对银行的信任度和忠诚度，从而为农商银行带来更多的业务机会和收益。此外，强化与客户的互动交流还将有助于农商银行及时了解市场动态和客户需求，为业务创新和发展提供有力支持。

10 数字化转型

近年来，数字经济蓬勃发展，金融科技快速崛起，掀起了金融业的数字化浪潮。在互联网金融给商业银行带来的全面脱媒危机后，金融科技的崛起使商业银行作为支付中介、信用中介的价值被极大弱化，数字经济已成为全球最具活力和前景的发展领域之一，各个行业都在积极迎接数字化时代的到来。现代银行作为经济的重要组成部分，对数字化转型的需求尤为迫切。数字化转型既能提高金融机构的效率和竞争力，还能带来更好的客户体验。数字化转型成为商业银行应对产业升级的必经之路。

10.1 数字化转型原因

10.1.1 提升核心竞争力

随着互联网金融的快速发展，金融服务线上化，消费场景也呈现线上化。客户对银行服务和体验的需求呈现出更多样化的趋势。当前，客户普遍希望能得到更加快捷、高效的金融服务，而传统银行网点办理业务的模式常常让客户感到耗时且不方便。数字化转型可以赋予银行新的服务渠道和方式，可以更好地服务客户。新的技术手段，如人工智能、大数据、区块链等可以帮助银行更好地识别客户需求，进行风险预测，从而有针对性地开展相关活动和提供相应产品，实现高质量发展。

数字化转型可以帮助银行及时响应市场需求和服务客户个性化需求，为银行的客户提供高质量的服务。数字银行可以实现对堆积起来的数据的有效处理和应用，客户可以享受高度个性化的服务，包括财务管理、财务计划、贷款等。更加智能化、便捷化的服务手段，可以进一步加深银行与客户之间的关系，提高客户满意度和忠诚度。

10.1.2　加强银行的风险管控

数字化转型可以让银行有效控制所有金融风险相关的方面并加强风险管控能力，如市场风险、信用风险、操作风险、技术风险等。数字化技术可以提供大数据相关的应用，用于分析和管理客户的数据，提高反欺诈能力，更好地管控运营风险。数字化转型可以通过风险数据分析让业务策略的决策更为准确，使农商银行更好地规避风险。

10.1.3　应对外部挑战

2013 年是市场公认的互联网金融元年，第三方支付、P2P、互联网理财等发展得如火如荼，传统商业银行面临存贷汇全面脱媒的危机。一时间，从产品、平台、系统到人员、管理、制度、流程，全面的金融科技革命扑面而来，传统银行经营模式面临严峻挑战。存款搬家、客户流失等一系列连锁反应让商业银行应接不暇。互联网金融企业的快速崛起，在给消费者带来便利和实惠的同时，也对银行在维护和拓展客户方面造成了巨大的压力。

互联网金融企业由于其扁平的组织架构、快速的市场响应能力，在支付结算、理财、贷款等方面高歌猛进。而商业银行进场较晚，初期参与度低，在系统开发、产品创新和客户关系管理方面的反应速度远远落后于互联网金融企业。加强对金融科技的研究，强化数字化转型的思维理念，规划数字化发展，对商业银行而言紧迫且必要。

10.1.4　适应金融科技发展的需要

近年来，随着大数据、人工智能、区块链、云计算等技术在金融领域应用的兴起以及信息化革命的迅猛发展，科技与金融的结合逐渐深入并催生了金融科技。作为新的金融模式，金融科技具有成本低、效率高、覆盖广、发展快等优势，成了金融业发展的新动能。

我国的金融科技发展基本上可以区分为：传统金融科技阶段，即金融科技 1.0 阶段，主要是指 2013 年以前；社会化金融科技阶段，即金融科技

2.0 阶段，主要是指 2013—2017 年；智能金融科技阶段，即金融科技 3.0
阶段，主要是指 2017 年以后。

智能是智能金融科技阶段的主题。这一阶段的代表产业包括 5G、人工
智能、区块链、物联网、虚拟现实技术、增强现实技术等。在智能金融科
技阶段，大量无法使用新技术的传统金融企业将面临生存困难。这主要是
因为金融科技已经大大提升了现代金融的效率并且取代了不少传统业态，
许多环节都可以使用科技手段来进行，传统金融企业如果无法实现科技转
型，就会在成本、效率等方方面面逐渐被市场淘汰。

10.2　数字化转型政策背景

10.2.1　《金融科技发展规划（2022—2025）》

2022 年 1 月 4 日，中国人民银行印发了《金融科技发展规划（2022—
2025）》。该规划指出，要以"数字驱动、智慧为民、绿色低碳、公平普
惠"的发展原则，将金融科技贯穿金融服务全流程、业务运营全链条，加
强科技驱动和数据赋能，推动金融科技进入"积厚成势"新阶段。

10.2.2　《关于银行业保险业数字化转型的指导意见》

2022 年初，银保监会印发了《关于银行业保险业数字化转型的指导意
见》。该意见指出，要以数字化转型推动银行业和保险业高质量发展，构
建与现代经济发展相适应的数字金融新格局，提高金融对实体经济的服务
能力和水平，防范金融风险。

10.3　主要商业银行数字化转型概况

10.3.1　资金投入加大，科技人才结构优化

科技是第一生产力、人才是第一资源、创新是第一动力。近年来，各
类商业银行科技投入均保持快速增长。根据 2022 年上市银行年度报告披

露，银行业在金融科技方面的财力、人力投入继续呈现狂飙态势。

通过梳理 2022 年上市银行年度报告可以看到，各银行在科技方面继续投下巨额的真金白银，工商银行、农业银行、中国银行、建设银行年投入均在 200 亿元以上。其中，工商银行高达 262.24 亿元，位居榜首；交通银行、农业银行、中国银行投入大幅提高，交行投入增幅达到了惊人的 32.93%。六大国有银行整体保持着较高的科技投入和稳定的增速，金融科技投入总量从 2019 年的 716.76 亿元增加至 2022 年的 1165.49 亿元。

股份制银行的科技投入规模虽不及六大国有银行，但从科技投入的营收占比和增速等指标来看，其投入力度甚至超过了国有大行。绝对金额方面，招商银行 2022 年科技投入达到了 141.68 亿元，仅次于"工农中建"四大行。营收占比方面，2022 年所有股份制银行科技投入占营业收入比重均超 3.5%。其中，占比超过 4% 的有招商银行、中信银行、光大银行、华夏银行、广发银行、恒丰银行、渤海银行。科技投入方面，近半数的股份制银行在 2022 年同比增长超过 16%。

近年来，各家金融机构都在探索科技人才培养机制，加快业技融合，积极培养懂业务、通技术的复合型金融科技人才队伍，提高科技人员占比。截至 2022 年末，工商银行的金融科技人员达 3.6 万人，占员工总数的比例高达 8.3%。金融科技人员数量超过 1 万的还有农业银行、中国银行、建设银行、招商银行。兴业银行科技人员占员工总数的比例高达 11.87%；中信银行科技人员数量较上年末增长达 11.11%，科技人员占员工总数的比例为 8.4%。

10.3.2 战略引领，体系重塑

在新形势下，众多银行纷纷将发展金融科技作为发展的重大战略，数字化的运营模式日益完善。

工商银行坚持以金融科技赋能经营管理，把数字化转型作为发展新动能，加快推进"数字工行（D-ICBC）"建设，推动业务、产品、服务等数字化升级，夯实安全生产保障能力，深化技术创新能力，提升金融服务供给能力。

农业银行加快推进新一代技术体系转型，深入推进信息科技 iABC 战略实施，不断深化应用金融科技前沿技术，聚焦金融科技创新，打造面向未来的数字新基建和 IT 架构底座，健全网络安全防护体系。

中国银行全面推进数字化转型，"绿洲工程"企业级架构顺利投产，全面加强业技融合和科技管理体制改革，全面推进场景建设，推出"数字中银＋"规划建设，提升业务领域数字化服务水平，夯实数字化转型和金融科技基础支撑。

建设银行践行"新金融"战略，将金融科技作为三大战略之一，全面推进金融科技战略纵深发展，信息系统自主可控能力、运行安全稳定性增强。持续加快数字基础设施建设和全面云化转型，打造"建行云"品牌，推动手机银行和"双子星"平台建设，加大数字化经营和产品创新推进力度。

邮政储蓄银行搭建智能风控体系，打造服务乡村振兴和新型城镇化的数字生态银行；交通银行加快全流程数字化运用，"全触点、全场景、全生态"提升拓展客户能力；招商银行的智能风控平台"天秤"加强交易风险管控能力，以数字科技守护客户资产安全。

10.3.3　数字化转型成效初显

传统银行业务以客户服务为中心，向数字化、体系化、生态化发展。

一是强调线上线下生态一体化。比如，工商银行打造以"场景生活、办公生活、社区生活"三大生活圈为核心的非金融生态，初步形成线上线下消费生态。建设银行依托"双子星"企业级平台构建数字信用卡线上用卡生态，打造"产品＋场景"的金融服务模式。

二是强调全流程一站式。中国银行建立以手机银行"财富号"为主要载体的线上社区运营品牌，实现"售前—售中—售后"全覆盖的客户全流程陪伴。建设银行打造覆盖线上线下渠道一站式大财富管理平台，对内升级财富顾问、客户经理、产品经理三大工作台，对外打造"财富规划——资产配置——产品优选——投后陪伴"的服务闭环。招商银行将数字化贯穿获客、经营、运营、管理、服务全流程，构建起全场景、全渠道的客户线上服务体系。

10.4 重点金融领域数字化服务

10.4.1 普惠金融

一是打造综合化生态化数字普惠服务。农业银行持续完善普惠金融数字化客户服务平台"普惠 e 站"，建设全场景、全业务、全天候的普惠金融线上服务能力。中国银行升级推出"I·SMART—中银数字普惠金融服务＋"，推出普惠金融"惠如愿"App，为客户提供融资申请、商业资讯、商机对接等综合服务，降低服务成本的同时，延伸了服务半径，提升了服务实体经济的能力。建设银行升级打造"建行惠懂你"4.0 版本，实现普惠金融综合化生态服务平台全新升级，引入 AI 数字客户经理，为广大普惠客户群体提供更加智能、贴心、多元的服务。

二是优化数字普惠产品体系。工商银行持续优化网贷通、经营快贷、数字供应链三大数字普惠产品体系。中国银行推进"惠担贷""E 抵贷""商 E 贷"等线上产品投产，逐步完善涵盖信用、抵押、质押、保证的普惠线上产品体系。建设银行聚焦涉农客户、个体工商户、中小微企业、供应链上下游客户的数据特点和差异化需求，丰富数字化线上化服务供给。交通银行实现线上标准化产品与场景定制产品"双轮驱动"，提高中小微企业覆盖面及融资可得性。

三是搭建普惠智能风控体系。工商银行搭建适应中小微企业风险特点的"1＋N"智能风控体系。农业银行充分运用内外部多维数据进行客户画像，优化风险识别系统，实施全流程风险防控，把普惠贷款不良率控制在容忍度范围内。建设银行持续完善"数字化、全流程、标准化"的普惠金融智能化风控管理体系。邮政储蓄银行搭建"客户画像＋模型规则＋风控策略＋自动预警"的风控体系，建立 360 度视图的客户数字画像，构建反欺诈策略体系、智能审批规则模型集合及贷后风险监测预警体系。

10.4.2　数字业务化

金融科技市场化探索初见成效。工商银行金融科技向 54 家同业客户提供反洗钱、风险管理等金融科技服务方案，获 2022 年度中国金融科技年会"金融业风险管控突出贡献奖"。建信金科营业收入 82.4 亿元，较上年增长 19.2%；净利润 0.31 亿元，较上年增长 269.4%。其中，来自政策性银行、全国性股份制银行、地方商业银行等各类型银行的收入 16.39 亿元，较上年增长 20%。招商银行全面提升智能客服扩展能力，构建全行级智能录审中台（指融合了录入与审核功能的综合性业务处理平台），输出本公司数字化产品；通过提供合同管理、发票管理、智能审录等非金融服务，输出金融科技能力，助力企业提升管理效率。

10.5　农商银行数字化转型探索

面对这一趋势，农商银行作为地方性金融机构，走上了适合自己的数字化转型探索之路。服务"三农"、支持中小微企业是农商银行的宗旨和使命，也是其固有业务战略和市场定位。与大型国有银行、重要股份制银行相比，农商银行在金融科技方面起步较晚，产品专业化、数字化程度较低。农商银行作为深耕区域的地方金融机构，在规模、人员、技术等方面不具备优势，承载数字化转型的信息科技基础相对薄弱，原有的区域广、网点多、人员多的优势也面临冲击。因此，农商银行的数字化转型迫在眉睫。同时，农商银行在转型过程中应充分结合自身经营定位、地域特色、客户差异、资源禀赋，制定与自身相匹配的数字化战略，走出一条差异化、特色化的转型之路。

10.5.1　数字化转型实现高质量发展

农商银行应坚持以高质量发展为首要任务，大力发展金融科技，以实用、管用、好用为导向，加快数字化转型步伐，为业务、经营、管理赋能。

（1）盘活基础数据。

一是积极引入外部数据。即强化与外部机构的数据共享，积极引入工商、税务、公积金、水电等高价值外部数据，为产品营销推广、存贷款利率定价、产品服务创新等提供强有力的数据支撑。

二是大力盘活存量数据。农商银行贴近客户，经过长期的积累，拥有大量的存量数据。通过对存量数据的深入挖掘和分析，可以更精准地了解客户的需求、行为模式和偏好，从而为客户提供个性化的金融产品和服务，增强客户黏性和满意度。同时，存量数据有助于优化内部业务流程，提高运营效率，帮助农商银行更好地洞察市场趋势和竞争态势，以便及时调整战略，开拓新的业务领域和增长点。因此，要推进金融科技实施数字化转型，就必须充分挖掘存量数据的价值。

三是强化数据安全防范。在数字化转型过程中必须要加强数据安全和隐私保护，保障用户信息安全和资金安全。加强网络安全防护，部署防火墙、入侵检测等系统，防止外部网络攻击；加强员工数据安全意识培训，使员工了解数据安全的重要性并遵守相关规定；建立数据备份和恢复机制，以应对可能的数据丢失或损坏情况，确保数据的可用性和完整性。

（2）推进科技重塑。

一是技术架构升级。即通过构建先进的云平台，实现灵活的资源调配和高效的计算能力。

二是智能应用开发。研发智能信贷审批系统，提高信贷业务效率和质量；打造智能客服，提供实时在线的优质服务；开发智能风控模型，增强风险防范能力。

三是数据治理与利用。建立完善的数据治理体系，确保数据的准确性、完整性、一致性，深度挖掘数据价值，通过数据分析支持精准营销、风险管控等。

四是强化渠道创新。一方面，优化线上银行平台，提供便捷、个性化的用户体验；另一方面，拓展移动金融服务，适应客户移动端使用习惯。

五是共享创新成果。通过建立"省—市（县）"两级法人科技协同机制，探索在设区市农商银行建立专业化金融科技团队，让县级农商银行更加均衡享用科技资源和创新成果。

（3）提升科技产出。

一是强化科技研发投入。加大对金融科技研发的资金、人力等资源的投入，组建专业的研发团队，专注于数字化技术的研究和应用开发。

二是推动核心系统升级。对现有核心业务系统进行全面升级改造，使其具备更强的处理能力和兼容性，适应数字化业务的需求。

三是提升数据处理与分析能力。运用大数据、人工智能等技术，深度挖掘和分析客户数据，为科技输出提供精准的数据支持。

四是优化用户体验。坚持把客户和员工的使用体验作为评判科技发展成效的首要标准，站在客户的视角对产品进行全面梳理和系统创新，做到线上产品好用、线上服务便捷。

（4）数字化转型永远在路上。

在当今飞速发展的时代，农商银行正处在一场深刻的数字化变革之中。数字化转型，不只是一个阶段性目标，更是一场永不停歇的征程。

农商银行的数字化转型永远在路上，是因为科技的进步永无止境。每一次技术的革新，都为其带来新的机遇和挑战。从云计算到大数据，从人工智能到区块链，新的技术不断涌现，农商银行必须持续跟进、学习并应用，才能在竞争中保持优势。

数字化转型是一场漫长而艰辛的跋涉，但农商银行没有退路。它们必须坚定地走在这条路上，不断探索、创新、突破，以适应时代的发展，为客户创造更大的价值，为自身的可持续发展奠定坚实的基础。只有不断前行，才能在数字化的浪潮中立于不败之地，让农商银行的未来绽放出更加绚烂的光彩。

10.5.2　数字化转型面临的问题

（1）起步晚，底子薄，投入规模不足。

农信金融机构在金融科技方面的投入底子薄，人才储备相较于业务显得不够充足，头部机构在全方位探索前进，而尾部梯队尚处于信息化初期，导致业务与技术融合缓慢，在资源投入后难以取得理想的效果。

（2）农村金融数字化发展滞后。

农村地区相对落后的基础设施和技术水平限制了数字化发展的速度和程度。农村地区居民对数字化金融服务的接受程度相对较低，缺乏对数字金融的了解和信任。政府及银行在农村地区的数字化发展方面投入不足，缺乏相应的人才和设施支持。农村数字化发展滞后同时制约了农商银行的数字化转型发展。

（3）依赖第三方金融科技公司。

农商银行在数字化转型过程中通常都需要借助数字化转型专业服务提供商，而第三方科技公司的选择及合作模式对数字化转型产生了重大影响。一方面，专业的头部金融科技公司虽然专精研发，但是缺乏对农商银行场景的系统认知，所提供的数字化转型解决方案往往架构庞大，成本昂贵，却未必适用农商银行的实际情况，导致整个系统的建设周期相当长。而如此庞大的系统规划往往会吃掉银行的大量资源，且建设周期过长，投入精力过多，反而制约了业务发展，导致错过了稍纵即逝的发展机遇。而传统的银行系统服务商将现有的核心系统升级迭代，可能难以应对紧迫且复杂的数字化转型带来的压力。

10.5.3　农商银行数字化转型展望

数字化转型道路上，农商银行也有自己的优势。农商银行扎根于辖区当地，点多面广，与地方政府关系密切，能够方便地获取政府数据。此外，农商银行拥有大量的客户，几十年来积累了海量的数据资产。农商银行在数字化转型策略方面，要充分认清自身资源禀赋，以线下为基础，强化线下金融优势，实现线下线上融合推进，互相促进。

（1）农商银行要正确看待数字化转型，不能过分焦虑。

有人说，数字化转型具有颠覆性，传统银行将消失。然而，迄今为止，还没有一项技术创新对金融体系产生颠覆性影响，反而因为过度扩张导致的风险让一些银行倒闭。农商银行虽然面对各大银行在规模、品牌、科技、人才储备方面的碾压优势，但是数字化转型是一个长期的过程，不能急于求成，更不能将数字化转型搞成"军备竞赛"。农商银行的数字化转型并不需要像全国性银行那样"雄心勃勃"，而是作为县域小法人机构，深耕县域本土市场，耐得住寂寞，发挥线下优势，静下心来探索一条适合自身发展的数字化转型之路。

（2）数字化转型只是实现业务目标过程中的辅助工具，不是最终目的。

农商银行要结合自身业务目标，逐步提升自身的数字化能力。数字化转型要"精打细算"，不能为了数字化而数字化，而导致本末倒置，最终形成数字化转型工作做了不少但对实际业务工作没有多大帮助的尴尬局面。

（3）农商银行数字化转型需要激发内生动力，不能过度依赖第三方科技公司。

由于规模小、成本高，科技和人才储备薄弱，农商银行独立开发数字化转型项目时面临着软硬件、科技团队、后期维护、迭代更新等环节的大量支出，很难摊薄成本、发挥出规模效应。因此，农商银行与第三方科技公司合作业务越来越广泛。然而，这种合作也存在问题和风险。

第三方公司以追求利润最大化为主要目标，面对大部分客户的通用需求往往反应快、部署快，但在面对个性化需求时，往往精力分配不多，积极性不高。农商银行自身金融科技管理人才储备不足，在合作转型过程中缺乏主导能力，容易丧失对业务控制的主动权，成为数字转型过程中的附庸。因此，农商银行在与第三方科技公司合作时一定要承担主体责任，审慎开展各类业务，合理把控业务范围和节奏，以依法合规为前提，落实全面风险管理，核心业务谨慎外包，不能对第三方科技公司形成依赖。

（4）强化"小银行+大平台"优势。

省联社"科技大平台"是农商银行数字化转型的坚强保障。作为县域法人机构，农商银行受制于资本、规模、人才、科技等多方面因素，依靠自身力量实现金融科技研发升级促进数字化转型，是遥不可及的。因而，省联社是农商银行数字化转型的坚强保障。然而，省联社与基层行社相隔层级过多，对终端市场变化不敏感。同时，科技建设需要对接多个业务部门，但省联社的业务部门普遍属于管理和指导部门，对业务实际运行和操作不够熟悉，存在沟通协调不畅、需求把握不精准的情况。因此，农商银行需要依托省联社大科技和农商银行小法人的优势互补，加强内生动力，优化内部信息沟通反馈渠道，提高数字化转型的自主性和主导能力。

（5）尝试成立金融科技子公司，形成良性循环。

当条件成熟时，农商银行可以向其他省份的农信、村镇银行等金融机构输出技术产品和转型经验。数字化转型是农商银行发展的必然趋势，也是提高金融服务质量和效率的重要手段。目前来看，农商银行数字化转型大都停留在探索阶段，还没有很成功的样板。农商银行探索数字化转型的模式，应基于对发展趋势的判断，结合自身定位差异和能力的认识，走出一条自己需要的、自己能够达到的具有农商特色的数字化转型道路，不断提升自身的数字化能力和竞争力。

参考文献

［1］白宁宁．县域农商银行如何融入新发展格局［J］．中国农村金融，2021（8）：82－83.

［2］陈忠海．漫话中国古代的高利贷［J］．中国经济报告，2015（11）：126－128.

［3］陈喻，刘东南，刘奇，何星．建立基于价值创造导向的商业银行全面预算管理体系［J］．新金融，2022（8）：22－29.

［4］崔占峰，王青正，杜佳伦．从"深化"到"普惠"：金融发展与农民收入相关性研究：以山东省为例［J］．区域金融研究，2023（7）：52－59.

［5］郭涵．直面利差收窄　农村中小银行如何应变［J］．中国农村金融，2022（20）：29－31.

［6］郭涵．利差收窄大势所趋　中小银行何以破局［J］．中国农村金融，2022（20）：12－13.

［7］韩德章，詹玉荣．旧中国农村的高利贷［J］．中国农史，1984（4）：33－42.

［8］韩德章，詹玉荣．民国时期的新式农业金融［J］．中国农史，1989（2）：76－82.

［9］侯吉庆．明清时期山西典当业研究［D］．济南：山东师范大学，2011.

［10］胡宏开．农商银行迎战利差收窄的"道"与"术"［N］．中华合作时报，2022－12－30（10）．

［11］胡静，姚凤阁．我国农村金融体系存在的问题及完善对策［J］．学术交流，2017（2）：140－145.

［12］贾锦玲. 对进一步提升商业银行分支机构预算管理精细化水平的思考［J］. 中国产经，2022（17）：135 – 137.

［13］江苏省农村信用社联合社课题组. 基于战略目标导向的全面预算及绩效考核管理一体化研究：以江苏省农村商业银行为例［J］. 金融纵横，2019（10）：20 – 28.

［14］廖潇哲. 农村中小金融机构如何借助"互联网＋"的"东风"实现转型破局［J］. 经济管理文摘，2020（17）：25 – 26.

［15］刘阳阳. 农村商业银行开展全面预算管理工作的对策建议［J］. 企业改革与管理，2020（23）：130 – 131.

［16］罗知，李琪辉. 中国农村金融机构的布局：特征、问题与建议［J］. 中山大学学报（社会科学版），2023（4）：150 – 162.

［17］马悦. 中小银行下调存款利率，"降息潮"来了？［N］. 中华合作时报，2023 – 04 – 21（05）.

［18］聂蓉. 数字普惠金融发展对农民创业决策的影响研究：基于 Logit 和门槛模型的实证分析［J/OL］. 经营与管理，https：//kns. cnki. net.

［19］全国经济专业技术资格考试参考用书编委会. 高级经济实务：金融［M］. 4 版. 北京：中国人事出版社，2023.

［20］田霖，郭梦琪. 数字普惠金融发展缓解融资约束研究：基于涉农企业的实证分析［J］. 重庆大学学报（社会科学版），2024（3）：70 – 85.

［21］王剑. 农商行路在何方［J］. 银行家，2017（8）：102 – 105.

［22］王小华，贺文瑾. 数字普惠金融发展的时空特征及其动力机制研究［J］. 农业经济问题，2024（1）：16 – 33.

［23］王小华，杨玉琪. 农村普惠金融发展的空间关联网络及驱动因素研究：兼论农村普惠金融高质量发展的推进路径［J］. 广西师范大学学报（哲学社会科学版），2024（3）：68 – 85.

［24］王钊，曾令果. 新中国 70 年农业农村改革进程回顾、核心问题与未来展望［J］. 改革，2019（9）：19 – 30.

［25］乌廷玉. 解放前北方农村的借贷关系［J］. 北方文物，1996（4）：88 – 93.

［26］吴文毅，何韡．服务的窗口 有力的抓手：关于农商银行社区银行的建设思路［J］．乡镇企业导报，2021（9）：43－44.

［27］吴文毅．利差收窄形势下县域农商银行的机遇、挑战及应对［J］．新金融世界，2023（9）：147－149.

［28］吴文毅．以人为本助力农商银行发展转型之路探索［J］．中国集体经济，2024（10）：81－84.

［29］吴文毅．新时代农商银行践行普惠金融的路径探索［J］．全国流通经济，2024（16）：183－186.

［30］杨满平．新形势下县域农商银行破局之道［J］．中国农村金融，2020（21）：64－66.

［31］杨梦瑶，孙鹏．数字普惠金融发展水平测度及影响因素研究：以我国东部省市为例［J］．统计与管理，2023（4）：50－55.

［32］姚雨琦．利率市场化进程中商业银行存贷利差变动趋势分析［J］．市场周刊，2021（12）：158－163.

［33］喻春娇，沙子为．数字普惠金融发展对居民家庭财富积累的影响：基于微观家庭数据的实证研究［J］．决策与信息，2023（6）：69－78.

［34］张冰．利率市场化下农商银行财务管理的应对措施［J］．今日财富（中国知识产权），2019（3）：88－89.

［35］张军．商业银行全面预算管理存在的问题及对策研究［J］．质量与市场，2022（13）：91－93.

［36］张瑞贤，韩煜．乡村振兴视阈下日照市普惠金融发展水平测度及对策研究［J］．南方农机，2022（23）：121－124.

［37］郑小娟．论明清典当业兴盛之原因［J］．黑龙江史志，2009（1）：80－81.

后　记

当这本书即将呈现在读者面前时，笔者的心中充满了感慨与感恩。在完成本书的过程中，笔者深感自己并非孤军奋战。在此，笔者衷心感谢所有给予笔者帮助和支持的人，你们的贡献使这本书的出版成为可能。

笔者要感谢家人。他们的爱与关怀始终是笔者最坚强的后盾，在笔者面临困难和挫折时给予笔者坚定的支持、鼓励与理解。他们的理解和包容，让笔者能把更多的时间和精力投入本书的创作中。

笔者要感谢领导、同事和朋友。他们在笔者写作的过程中提供了宝贵的意见和建议，帮助笔者理清思路，解决问题。他们的参与和支持，让笔者在创作过程中充满了乐趣和动力。

笔者要感谢老师们，向老师们致以崇高的敬意。他们传授的知识和方法为笔者的写作奠定了坚实的基础，引导笔者走进学术的殿堂，让笔者在追求真理的道路上不断前进。

笔者还要感谢那些在学术领域作出杰出贡献的学者。他们的研究成果为笔者提供了丰富的素材和灵感，帮助笔者在探索知识的过程中不断前进。

需要说明的是，本书在编写过程中可能存在一些疏漏，对某些内容没有进行充分的阐述和解释，这些都是日后需要改进之处。

此外，笔者要感谢每一位读者。是你们的关注和反馈，让笔者有动力持续创作，不断提升自己的写作水平。笔者期待在未来的日子里，能够继续为你们提供更多有价值的内容。

在此，笔者再次向所有给予笔者帮助和支持的人表示衷心的感谢。你们的存在，让笔者的创作之路充满温暖和力量。

　　最后，笔者要感谢这个时代，让我们有机会去书写、去表达、去分享。希望这本书能给读者带来收获与启发。这是笔者最大的心愿。

吴文毅

2024 年 6 月